KÖNIGS FURT

Über dieses Buch

Dieses Buch stellt sowohl die traditionelle Kartenlegung als auch den modernen, psychologisch-symboldeutenden Umgang mit den berühmten Wahrsagekarten der Madame Lenormand vor. Neu ist als Drittes der Versuch einer Synthese beider Deutungsrichtungen. Eine Galerie mit einer Vielzahl von Varianten von Lenormand-Karten mit bibliographischen Angaben und Beispielkarten schließt das Buch ab.

Über den Autor

Harald Jösten, geb. 1960, studierte nach einer Ausbildung zum Buchhändler Germanistik, Literaturwissenschaft, Niederlandistik und Geographie in Kiel und Groningen/NL. Seit 20 Jahren lebt er in seiner Wahlheimat Schleswig-Holstein. Fast ebenso lange beschäftigt er sich mit dem Thema Symbolsprachen und deren psychologischer Deutung, insbesondere mit Tarot-Karten.

Vom Autor bereits bei Königsfurt erschienen:

Keller-Krohn, Bertram/Jösten, Harald: Das Primavera Tarot

Harald Jösten

Der neue Schlüssel zu den Karten der Mme. Lenormand

Traditionelles Kartenlegen und moderne Symboldeutung

Königsfurt

Bibliografische Informationen der Deutschen Bibliothek

Die Deutsche Bibliothek verzeichnet diese Publikation in der Deutschen Nationalbibliografie; detaillierte bibliografische Daten sind im Internet über http://dnb.ddb.de abrufbar.

KBO 1
Königsfurt Bibliothek der Orakel
Herausgegeben von Johannes Fiebig

Originalausgabe
Krummwisch bei Kiel 2004

D-24796 Krummwisch
www.koenigsfurt.com

Umschlaggestaltung: Stefan Hose, Götheby-Holm
Satz & Lithos: Satzbüro Noch, Balve
Druck und Bindung: Oldenbourg, Monheim

ISBN 3-89875-688-2
(Buch separat)

ISBN 3-89875-687-4
(Buch & Carta-Mundi-Lenormand-Karten im Set)

Inhalt

Abb 1. Marie Lenormand. Aus: Der untrügliche Wahrsager – Interessantes Orakelspiel. Vermächtnis der Madame Marie Lenormand in Pairs.
Graz (Vlg. Eduard Ludewig) 1848

Einführung

Unter der Bezeichnung Lenormand-Wahrsagekarten werden heute zwei verschiedenartige Decks angeboten: Die so genannten ›*Kleinen*‹ *Lenormand-Karten* und die ›*Großen*‹ *Lenormand-Karten*, was sich nicht auf das Kartenformat, sondern auf die Anzahl der Karten und deren Gestaltung bezieht.

Die Wahrsagekarten der Madame (Mme.) Lenormand, insbesondere die so genannten Kleinen Lenormand-Karten, um die es in diesem Buch geht, erfreuen sich seit Jahren ungebrochener Beliebtheit, die aktuell sogar noch ansteigt. Auf viele Menschen üben diese 36 Karten eine geheimnisvolle Anziehungskraft aus.

Was macht den Reiz dieser scheinbar so einfachen Motive aus? Was suchen die Menschen in den Bildern? Was erhoffen *Sie* sich davon?

Die Bekanntheit der Lenormand-Karten, die in verschiedensten Varianten seit nunmehr fast zweihundert Jahren auf dem Markt sind, erklärt sich vor allem aus dem Ruhm ihrer (angeblichen) Schöpferin, der Madame Marie Anne Adelaide Lenormand, wohl die berühmteste Wahrsagerin des 19. Jahrhunderts. Man sagt ihr nach, dass sie mit nahezu hundertprozentiger Sicherheit ihren Fragenden weissagte, was auf sie zukomme. Kein Wunder, dass dieser Erfolg auf die ihr zugeschriebenen Orakelspielkarten übertragen wurde und wird. Ein weiterer Grund liegt im Geheimnis des Orakelns selbst: Ein Blick in die Karten – ein Blick in die eigene Zukunft?

Dieses Buch soll drei Funktionen erfüllen:

Es soll dem Interessierten einen **Einstieg in die traditionelle**, d.h. divinatorische oder wahrsagende **Nutzung** der Lenormand-Karten ermöglichen.

Zu diesem Zweck wird im Abschnitt über die einzelnen Karten jeweils die traditionelle weissagende Bedeutung der betreffenden Karte inklusive Schlüsselbegriffen und den Einflüssen der jeweiligen Umgebungskarten erläutert.

Darüber hinaus wird ein moderner Ansatz der Karteninterpretation vorgestellt, der eine andere bzw. weitere Dimension der Karten eröffnet. Dieser liegt in der **psychologischen Deutung der Karten als Symbolträger**, wie sie analog in der Deutung der Tarot-Karten seit den 1960er Jahren praktiziert wird.

Dazu wird im Abschnitt über die einzelnen Karten der zum Teil komplexe symbolische Gehalt der jeweiligen Kartenmotive in unterschiedlichen Aspekten dargestellt.

Den Abschluss bildet dann eine **aus beiden Ansätzen**, also der divinatorischen Deutung und der Symboldeutung, **entwickelte Anregung zum konkreten, persönlichen Handeln.**

Die Leserin/der Leser hat somit die Möglichkeit, sich entweder für die traditionelle Deutung oder die psychologische Deutung der jeweiligen Einzelkarte zu entscheiden oder beide Seiten als Anregung für seine persönliche Entscheidung anzunehmen. Wenn der eine Aspekt zu diffus bleibt, kann der andere womöglich klärend helfen.

Das letzte große Anliegen des Buches ist der Versuch, einen **Überblick über die Vielfalt der verschiedenen Lenormand-Varianten** zu verschaffen. In den einschlägigen Archiven und Katalogen konnte ich weit über 40 verschiedene Varianten der so genannten Kleinen Lenormand-Karten ermitteln, nicht gezählt die zahlreichen Abweichungen hinsichtlich Motivik, Reihenfolgen, Kartenanzahl etc.

Die meisten dieser Karten sind im Handel zwar nicht mehr erhältlich und nur noch in Museen wie den Deutschen Spielkartenmuseen in Leinfelden-Echterdingen bei Stuttgart oder Altenburg in Thüringen zu besichtigen. Doch bereits die etwa zehn im Handel befindlichen Varianten sorgen für genügend Fragen. Welches sind denn nun die ›richtigen‹?

In den bisherigen Handbüchern wird bis auf wenige Ausnahmen nur jeweils eine Variante vorgestellt. Dieses Buch bildet vier der gängigsten derzeit im Handel erhältlichen Versionen durchgängig ab und stellt in einem Variantenverzeichnis eine Vielzahl weiterer jeweils mit Musterkarten und bibliografischen Angaben vor.

Falls Sie an einer wissenschaftlich genauen Identifikation eventuell in Ihrem Besitz befindlicher historischer Kartensätze interessiert sind (etwa anhand von Druckabweichungen, Steuerstempeln etc.), verweise ich auf die im Literaturverzeichnis aufgeführten Kataloge bzw. das Spielkartenmuseum in Altenburg und das Deutsche Spielkartenmuseum in Leinfelden-Echterdingen. Den dortigen Mitarbeiterinnen, insbesondere der Direktorin Frau Dr. Annette Köger-Kaufmann, darf ich an dieser Stelle meinen aufrichtigen Dank für die überaus hilfreiche Unterstützung bei den Recherchen für dieses Buch aussprechen.

Ihnen wünsche ich nun eine anregende Beschäftigung mit den Karten der Madame Lenormand und erhellende Einblicke in Ihr eigenes Inneres.

Orakeln hilft

Jeden Menschen drängt es mit unwiderstehlicher Gewalt, seine Zukunft kennen zu lernen; entweder ist ihm die Gegenwart so lieb, dass er ängstlich einen Blick in die Zukunft thun möchte, ob auch diese ihm so freundlich lächeln werde, oder die Gegenwart drückt ihn wie ein schwerer Alp, und von der Zukunft erwartet er Linderung, für jetzt wenigstens frohe Aussichten.
(aus dem Anleitungsheft zu Lenormand-Karten aus dem Verlag des Literatur- und Kunst-Comptoirs, Berlin, um 1840)

Ein Orakel ist laut Lexikon die ›oft poetische Weissagung und Enthüllung der Zukunft, des räumlich Entfernten oder des Götterwillens‹.[1] Ludwig Herold sieht primär Nützlichkeitsgründe und Neugier als Triebfeder des Orakelns, weniger religiöse Motive: »Der Mensch hat seit ältesten Zeiten den Wunsch, das Dunkel der näheren oder ferneren Zukunft [...] zu lüften und die Absichten der ihm unbekannten und über ihn waltenden Schicksalsmächte hinsichtlich seiner Person zu entschleiern.«[2]

Manch einer glaubte und glaubt, diesen Götterwillen bzw. die Zukunft in Spielkarten zu entdecken. Die Weissagung mit Hilfe von Spielkarten oder speziellen Orakelspielkarten geht zurück bis ins Mittelalter und ist letztlich aus der Kombination von so genannten Losbüchern und Spielkarten entstanden. Das Orakeln selbst ist natürlich älter als das Hilfsmittel aus Karton. So genannte Naturvölker orakeln etwa noch heute aus den Eingeweiden von Tieren, so wie es unsere Vorfahren auch taten. Die Auspizien der altrömischen Auguren sind nur eine der zahllosen Orakelvarianten, hier in der Form der Deutung des Vogelfluges. Was die Auguren aus dem Flug des flüchtenden Geflügels lasen, bestimmte darauf mitunter die große Politik.

Die große Politik verlässt sich zwar heute kaum mehr auf Orakelergebnisse, wenngleich manche Meinungsumfrage oder nachrichtliche ›Analyse‹ des heute von XY tatsächlich Gesagten, aber zwischen den Zeilen eventuell Gemeinten, tatsächlich eher einem Spruch der Pythia von Delphi gleicht. Der private Orakelanwender der Gegenwart lässt sich aber durchaus in seiner persönlichen Befindlichkeit gelegentlich beeinflussen oder bei wichtigen Entscheidungen beispielsweise von Orakelspielkarten wie den Lenormand-Karten anregen. Manch einem rieselt ein erwartungsvoller Schauer über den Rücken, wenn er ein Kartenorakel befragt. Was sagen die Karten über meine Zukunft? Ist es womöglich ein Blick in die Büchse der Pandora? Doch kaum einer nimmt die Ergebnisse von solchen Befragungen wirklich für bare Münze. Ausnahmen bestätigen die Regel.

Spiel mit dem Zufall

Was macht Orakelspielkarten, seien es nun die Karten der Mme. Lenormand, Zigeunerwahrsagekarten, Kipper-Karten oder sonstige Orakelkarten, denn nun so faszinierend?

Es ist nicht zuletzt der Reiz des Spiels. »Der Mensch spielt nur, wo er in voller Bedeutung des Wortes Mensch ist, und er ist nur da ganz Mensch, wo er spielt«, sagte Friedrich Schiller[3] und erhob damit den homo ludens zum Ideal. Ohne Risiko ausprobieren und dabei quasi nebenbei ohne Existenzgefährdung für die Realität trainieren, einfach so, das ist Spiel. Spielerisch lernen, was auf dem Spiel steht, mit dem Feuer spielen, vielleicht das Spiel zu weit treiben, auf jeden Fall etwas, nämlich sich selbst ins Spiel bringen, um schließlich auch im wirklichen Leben zu wissen, was gespielt wird.

Das Spiel mit dem Zufall, im modernen Umgang mit Tarot-Karten ein wesentlicher Faktor, ist auch das tragende Element des modernen Orakelns. Mit dem ›Was-wäre-wenn‹

spielen, sich von den Orakelergebnissen anregen lassen, selbst die Zügel in die Hand nehmen und dann aktiv handeln: So kann man heute auch Orakelspielkarten nutzbringend anwenden, ohne gleich in düsteren Okkultismus zu verfallen.

Die Karten verraten nichts Neues oder gar Zukünftiges. Die Karten sagen Ihnen nicht, wie Sie leben sollen, aber sie können Ihnen die Augen öffnen und den Blick frei werden lassen für das, was Sie eigentlich längst ahnten oder wussten, sich aber selbst oder anderen gegenüber nicht einzugestehen trauten. Auf diese Weise machen sie den Weg frei, die eigene Zukunft bewusst zu gestalten.

Fantasie als Triebkraft

Noch einmal: Zukunft kann man nicht vorhersagen, man kann sie jedoch gestalten. Dazu muss man sich aber überlegen, *wie* man sie gestalten will. Und dazu wiederum gehört Fantasie. Gerade das scheinen manche aber nicht ernst zu nehmen. ›*Das ist ja doch bloß alles fantasiert*‹, sagen sie und meinen ›*aus der Luft gegriffen, erfunden, erlogen, dummes Zeug*‹. Doch wo wären wir ohne unsere Fantasie? Wir würden wohl noch auf den Bäumen hocken und Blätter knabbern. »*Die Fantasie ist eine großartige Entwicklung in der Evolutionsgeschichte*«, schreibt der Psychologe Thomas Kornbichler in ganz anderem Zusammenhang, nämlich in seinem Buch über *Die Kunst, sich in den Richtigen zu verlieben.* Und was für das Verlieben gilt, gilt erst recht für die Gestaltung der Zukunft: »*In ihr [der Fantasie] können wir Vergangenheit, Gegenwart und Zukunft verbinden, wir greifen über aktuelle Situationen hinaus und schaffen uns neue Erlebnisräume. Wir projizieren unser innerstes Wünschen und Wollen in eine noch nicht wirkliche Zukunft. Im besten Falle ist Fantasieren Probehandeln. In der Fantasie können wir verschiedene Situationen durchspielen und eventuelle Konse-*

quenzen gegeneinander abwägen. Nur wer gut fantasiert, kann auch gute Entscheidungen treffen.«[4]

Zur Fantasie gehören drei Dinge, wie schon der deutsche Aphoristiker Wilhelm Heinse (1746–1803) wusste: »*feine Sinnlichkeit, Gedächtnis und Erfindungsgeist*«.[5] Probieren Sie also spielerisch aus, erspüren Sie mit allen Sinnen, was die Götter von Ihnen wollen oder was Sie von den Göttern wollen. Vielleicht entdecken Sie ja so Ihren Himmel auf Erden.

Symbole in den Lenormand-Karten

Die Motive auf den Lenormand-Karten sind Symbole. Wir haben es mit einer Sprache der Symbole zu tun. So etwas kennen Sie aus dem Tarot, dem Traum und dem Märchen: alles Symbolsprachen. Symbole sind bildhafte Verbindungen von etwas meist ganz Konkretem (z. B. einer Rose) mit etwas Abstraktem, meist sehr Komplexem (z. B. der Liebe), das derart viele Haupt- und Nebenaspekte hat, dass es kaum oder gar nicht möglich ist, diese alle in einer adäquaten Zeit in Worten wiederzugeben. Dieses eine Symbol ›Rose‹ schafft es, den ganzen Kosmos ›Liebe‹ in Bruchteilen einer Sekunde zu umreißen und lebendig werden zu lassen. Tatsächlich spiegelt sich diese Fülle bereits im Wort selbst. Symbol kommt vom griechischen *symballein*, was so viel heißt wie *zusammenwerfen*. Ein Symbol ist bildlich gesprochen also eine Art ›Kultursuppe‹, in die jede Generation eine weitere Zutat hinein geworfen hat, was ihre heutige Üppigkeit ausmacht.

Symbole im Wandel der Zeiten

Die Wirk- und Aussagekraft eines Symbols beruht auf *Konvention*, also gesellschaftlicher bzw. kultureller Übereinkunft, und *Tradition*, also Überlieferung, wobei sich beides gegenseitig beeinflusst. Die Anfänge einer symbolischen Bedeutung lassen sich fast nie genau fixieren. Es hat sich z. B. also nie jemand auf irgendeinen Marktplatz gestellt und verkündet: »Hiermit tue ich kund und zu wissen, dass die Rose fürderhin das Symbol der Liebe sei«.

Symbole entwickeln und verändern sich in ihrer Bedeutung. Es gibt Symbole, die nur sehr kurzzeitig innerhalb einer mehr oder minder großen Gruppe, innerhalb eines ganz speziellen historischen, religiösen oder kulturellen Zusammenhangs existieren und deren symbolischer Inhalt verloren geht, sobald sich dieser Zusammenhang aufgelöst hat. Es gibt aber sehr viele Symbole, die sich über Jahrhunderte gehalten und weiterentwickelt haben und tief im kollektiven Bewusstsein ganzer Kulturen verankert sind. Dabei haben Symbole immer wieder Veränderungen, ja totale Umkehrungen in ihrer Bedeutung erfahren.

Deutung von Symbolen

Deuten ist verwandt mit dem althochdeutschen Wort *diutisk*, was *volkstümlich*, *zum Volk gehörig* heißt (darauf geht auch das Wort *deutsch* zurück). Deuten hieß ursprünglich *dem Volk etwas erklären, verständlich machen*. Es war die Aufgabe der Priester, aus dem Opferbefund den Willen der Götter zu ›deuten‹, ihn also den Menschen zu erklären.

In der aktuellen Bedeutung des Wortes *(hin-)deuten* klingt diese Erklärungsbedürftigkeit nach. Etwas oder alles deutet zwar auf dieses und jenes hin, genau weiß man die Situation aber nicht einzuschätzen. So geht es auch mit einem Symbol, d. h. es weist auf etwas Bestimmtes hin, ohne dieses konkret zu benennen. Für den aktuellen Deuter gilt es also zu erkennen und zu entschlüsseln, worauf das Symbol verweist, dessen Be-deutung also sich oder anderen verständlich zu machen.

Alt und immer wieder neu

Bezogen auf die Lenormand-Motive heißt das aber auch, die Zeitumstände der Entstehung zu berücksichtigen. Ein *Reiter* z. B. hatte im 18./19. Jahrhundert eine ganz andere Wertigkeit als heute. Reiten war damals die wichtigste Art der Fortbewegung, wenn man vom Laufen einmal absieht. Autos gab es natürlich nicht, wer längere Strecken zurücklegen musste (was den meisten Menschen erspart blieb), tat dies zu Fuß, per Schiff oder eben zu Pferd. Das Pferd war das übliche Fortbewegungsmittel und quasi Dienstfahrzeug etwa der thurn-und-taxis'schen Postillione. Diese und andere berittene Boten transportierten wichtige Nachrichten innerhalb weniger Tage quer durch Europa und hatten so eine immens wichtige Funktion im Zusammenspiel der politischen und wirtschaftlichen Systeme. Ein ziviler Reiter also als Sinnbild für wichtige Neuigkeiten, Nachrichten, aber auch für das Überwinden von Entfernungen.

Heute ist das Reiten ein eher elitärer Sport, ein Beruf allenfalls für Jockeys. Ein Reiter überbringt heute kaum mehr Botschaften, bestenfalls im übertragenen Sinne die, dass er über genügend Geld und Zeit verfügt, sich dieses teure Hobby leisten zu können. Nachrichten und Botschaften überbringt heute das Fernsehen oder das Internet.

Wenn, als weiteres Beispiel, in alten Deutungshinweisen die Rede von »Erfolg bzw. glücklichen Unternehmungen auf See« (Karte 35 *Anker*) bzw. »Erwerbung eines Vermögens auf See« (Karte 34 *Fische*) die Rede ist, erscheint uns das heute eher anachronistisch. Zur Entstehungszeit der Karten allerdings war es durchaus möglich, über Nacht reich zu werden, wenn denn das fragliche Schiff mitsamt Ladung heil den Zielhafen erreichte. Andernfalls konnte ebenso schnell der völlige Ruin über den Unglücklichen hereinbrechen.

Wenn wir heute Karten deuten, können beide Aspekte der symbolischen Bedeutung relevant werden, der historische, ursprüngliche ebenso wie der gegenwärtige. Wir haben es also einerseits mit einer historischen Verwurzelung und andererseits mit einem aktuellen Bezug zu tun, da wir heute, gut hundert oder zweihundert Jahre später (je nach Ersterscheinung der betreffenden Kartendecks) die Karten mit unseren aktuellen Erfahrungshintergründen betrachten und auslegen.

Symbole fungieren bei der psychologischen Methode wie ein Katalysator: Sie bewirken eine Auseinandersetzung mit dem angesprochenen Thema und eine Positionierung der eigenen Person dazu.

Symbolbedeutungen in verschiedenen Kulturen und Räumen

Symbolbedeutungen gelten immer nur in einem bestimmten kulturellen und damit meist geographischen Umfeld. Ein Symbol, das im christlichen Abendland eine allgemein bekannte Bedeutung hat, hat möglicherweise in Asien eine gänzliche andere, womöglich gegenteilige Aussage. Vielfach wurden alte, vorhandene Symbole durch eine die Oberhand gewinnende neue religiös-philosophische Ausrichtung umgedeutet. So etwa hat das Christentum viele so genannte heidnische Symbole aufgegriffen, aber christlich umgedeutet.

Nehmen Sie beispielsweise den Fisch. In alten Religionen des Mittelmeerraumes wurde der Fisch mit den jeweiligen Göttinnen der Liebe und mit Fruchtbarkeit in Zusammenhang gebracht und galt in der Mittelmeerregion auch als Glücksbringer. Als ›kaltblütiges‹ und ›nicht von hitziger Leidenschaft beherrschtes‹ Wesen wurde er gern auch als Opfertier und Bestandteil sakraler Mahlzeiten verwendet.

Im alten Ägypten dagegen wurden Fische als unheimliche Bewohner der Tiefe mit negativen Mythen in Verbindung gebracht. Das Volk durfte daher Fische essen, nicht aber Könige und Priester. Nichtsdestotrotz gab es auch heilige Fische wie den heiligen Aal als Gott von Heliopolis oder den heiligen Barsch der Göttin Neith.

Im alten Indien galt der Fisch als heilig, da Gott Vishnu den späteren Stammvater der Menschen, Manu, während der großen Flut in Gestalt eines Fisches rettete. Im alten China war der Fisch ein Symbol für Glück und Überfluss, auch für sexuelle Freuden. Zugleich standen bestimmte Fische (etwas Karpfen oder Lachse, die Gegenströmungen und Wasserfälle überwinden können) als Zeichen für Mut, Stärke und Ausdauer.

Mit dem Christentum wird der Fisch im Abendland zum Symbol für Jesus Christus. Fisch heißt auf Altgriechisch *Ichthys* und wird als Akrostichon (aus den ersten Buchstaben zusammengesetztes Wort) der griechischen Bezeichnung *I*esous *Ch*ristos *Th*eou *Hy*ios *S*oter = Jesus Christus, Gottes Sohn, Erlöser aufgefasst. In frühchristlicher Zeit wurde der Fisch zum (geheimen) Erkennungszeichen der Christen. In der Gegenwart kehrt diese Funktion in moderner Form als Autoaufkleber bekennender Christen wieder.

Häufig existieren innerhalb einer Kultur zwei gegensätzliche Symbolbedeutungen parallel zur gleichen Zeit, je nach Kontext anders.

Die Taube zum Beispiel. Als weiße Friedensbotin mit Ölzweig im Schnabel hatte und hat sie immer gut zu tun. Als graue Ratte der Lüfte und Überträgerin von Parasiten und Krankheitserregern wird sie heute in Großstadtparks flächendeckend vergiftet.

In einer globalisierten Welt scheint es mir legitim, auch Symbolaspekte aus anderen Kulturen heranzuziehen und sich nicht nur auf die Bedeutungen der eigenen Kultur zu reduzieren. Andere Kulturen sind uns zwar längst nicht so geläufig, wie unsere eigene, doch auch nicht mehr so fremd, wie das früher vielleicht der Fall war. Für neue Anregungen sind solche Aspekte vielfach sehr hilfreich.

Welche Deutung ist die ›richtige‹?

Symbole sind in ihrer Bedeutung vielschichtig und schillernd. Daraus erklärt sich auch die Tatsache, dass Sie ein und dieselbe Karte sehr unterschiedlich deuten können. Das heißt nicht, dass die Bedeutung der Symbole beliebig ist. Ein Berg steht nun einmal nicht für die Liebe, und eine Rose nicht für

Hass. Dennoch haben beide Symbole jeweils eine gewisse Spannbreite in ihrem symbolischen Gehalt.

Symbole enthalten positive, aufbauende Aussagen und Anregungen, aber durchaus auch negative, drohende. Ihre konkrete Aussage hängt wesentlich davon ab, welche persönliche Bedeutung sie für *Sie* haben, in welchem Zusammenhang sie auftauchen und welche Assoziationen sie in *Ihnen* wachrufen. Eines sind Symbole fast nie: eindeutig! Bevor Sie sich also von einer negativen Bedeutung schockieren oder gar entmutigen lassen, betrachten Sie auch die anderen Aspekte.

Die Vielfalt der möglichen symbolischen Bedeutungen mag vielleicht zunächst verwirren, ermöglicht aber auf Grund der unterschiedlichen Anregungen einen sehr individuellen Zugang zu weiteren Gedankenprozessen. Womöglich finden Sie darunter den genau in Ihrer individuellen Lebenssituation hilfreichen Anstoß, der Sie weiter bringt. In der Vielfalt liegt also vielmehr eine Chance. Und welche Deutung ist jetzt die ›richtige‹? Im Zweifelsfalle Ihre eigene. Sicherheit gibt letztlich nur die eigene Auseinandersetzung mit dem Thema.

Natürlich können und sollten Sie lesen, was andere über ihre Erfahrungen mit den Symbolen der Karten geschrieben haben. Das gibt Ihnen neue Anregungen und zeigt Ihnen weitere Aspekte, die Sie vielleicht bis dahin noch nicht gesehen haben. Lassen Sie sich davon aber eher anregen, als das dort Niedergeschriebene einfach als gegeben und endgültig anzusehen. Selber denken ist in!

Zukunft gestalten

Der Ansatz für den Umgang mit Lenormand-Karten hier ist ein etwas anderer, als Sie ihn vielleicht in anderen Handbüchern finden. Dort werden die Karten ausschließlich als Medium der Weissagung und Mittel zur Vorhersage der Zukunft beschrieben.

Der hier zusätzlich vorgestellte symboldeutende Ansatz fußt auf der Überzeugung, dass das Leben und die Existenz der Welt eben nicht im Sinne eines festgelegten Planes vorbestimmt ist, sondern ein offenes System ist, dass zwar gewissen Mustern (Naturgesetzen) folgt, sich aber in permanenter wechselseitiger Einflussnahme der Faktoren immer neu entwickelt. Die Zukunft steht also in dieser Sicht nicht fest und lässt sich also auch nicht ›ablesen‹ oder vorhersagen. Wir können auf Grund bekannten Faktenwissens, auf Grund bekannter Verhaltensweisen, lediglich Modelle entwickeln.

Nicht die Karte sagt, wie Sie leben sollen, Sie selbst tun es, möglicherweise von der Karte angeregt, die eine oder andere Seite noch einmal genauer zu überdenken. Einen solchen Umgang mit Orakeln halte ich für die bessere und fruchtbarere Methode, sein Leben ›in den Griff‹ zu bekommen.

Wir können die Zukunft in gewissem Maße gestalten und beeinflussen. Eines unserer vornehmsten Lebensziele! Um gestalten zu können, müssen wir wissen. Wir müssen wissen, wohin wir wollen, welches unsere Wünsche sind und welches unsere Ängste. Und wir müssen fähig sein, Entscheidungen zu fällen. Gestaltung setzt Entscheidungen voraus: Das bleibt, das muss ich weiterentwickeln, darauf kann ich verzichten, das muss ich beseitigen, weil es behindert oder stört. Entscheiden ist der aktive Gedanken- und Tatenprozess, den das (werdende) Individuum selbst vollziehen muss.

Woher komme ich? – Wer bin ich? – Was will ich? – Wohin gehe ich?

Damit sind die wesentlichen Grundfragen genannt. Zwischen diesen Polen bewegen sich letztlich all unsere Existenz- und Sinnfragen. Unser Leben lang, manche oberflächlicher, andere intensiver, beschäftigen wir uns mit diesen Fragen und sind wir auf der Suche nach Antworten.

Die Beschäftigung mit den Symbolen, seien es nun Symbole auf den Lenormand-Karten oder, sehr viel komplexer, auf Tarot-Karten, kann Ihnen einerseits dabei helfen, dieses Wissen über sich selbst, das Sie zur Entwicklung Ihrer Individualität und zur Gestaltung Ihres Lebensweges brauchen, zu finden. Andererseits kann es ein Leitfaden sein, Richtung und Verlauf dieses Weges immer wieder zu bespiegeln, zu hinterfragen und gegebenenfalls zu korrigieren.

Orakelboom damals und heute

Warum hatte gerade damals eine Madame Lenormand solchen Erfolg und warum finden gerade heute Orakel-Karten und Tarot-Karten erneut einen derartigen Zulauf?

Marie Anne Lenormand (einen kurzen Abriss ihres Lebens finden Sie im folgenden Kapitel) lebte in einer Zeit des massiven Umbruchs in Europa, speziell in Frankreich. Die Ideale der bürgerlichen Revolution verschwammen in der napoleonischen Ära und mit der Erstarkung des Kaiserreiches. Letzteres brach im Chaos zusammen, Frankreich drohte angesichts der erstarkenden Mächte Russland, Preußen und Österreich zunehmend in eine weltpolitische Nebenrolle zu geraten. Die Menschen, gleich welchen Standes, hatten in den Wirren der Zeit ihre Bezugspunkte verloren. Die alten Wertesysteme zerfielen, neue waren noch nicht installiert.

Auch heute tragen viele der tradierten Werte nicht mehr, sind zum Teil durch historische Geschehnisse negativ belastet. Nach dem 2. Weltkrieg hat sich die Welt rasant verändert. Dass die bis dahin gültigen Werte wegbrachen, zeigten schon die 1968er Jahre, die Zeit der Studentenrevolten, der Hippie-Bewegung, der Frauenbewegung. Und tatsächlich veränderten diese Bewegungen das Wertesystem, welches aktuell schon wieder droht zusammenzubrechen. Die Wirtschaft stagniert, die viel gepriesenen Sozialsysteme versagen, die Politiker, gleich welcher Couleur, haben massiv an Vertrauen verloren. Zu oft und zu sehr haben sie das Volk verschaukelt. Die Hoffnungen auf eine gesicherte Zukunft, auf ein Alter in Würde schmelzen dahin. Unsicherheit und Angst vor dem, was noch alles auf uns zukommt, bestimmen aktuell das Denken vieler, die ihre Schäfchen leider noch nicht im Trockenen haben.

Enttäuscht die einen, die an den Aufbau einer neuen Welt glaubten, denen die westliche ›Dekadenz‹ als Negativbild vorgespiegelt wurde, während ihre Ideale hinterrücks verraten wurden. Enttäuscht auch die anderen, denen immer bewusster wird, dass Geld und Gewinnmaximierung auch nicht Sinn und Zweck des Lebens sein können. Denen immer klarer wird, wie brutal und eiskalt die Welt der Aktien und Shareholder Values ist. Die ›freigestellt‹ werden, weil sie ›zu alt‹ sind, ungeachtet der dreißig Jahre, die sie sich für ihre Firma engagiert haben. Oder deren Arbeitsplätze ins Ausland verlagert werden, weil die Produktion dort billiger sei. Zukunftslos die Jugend, die nicht weiß, was eben die Zukunft für sie bringen mag und ob es für sie überhaupt eine gibt.

Und so suchen auch heute wieder Millionen Menschen neue Wege, suchen Hilfe, suchen Erkenntnis und Lösungen für ihre Probleme in der Weissagung.

Wenn die Beschäftigung mit Orakeln gleich welcher Art dazu führt, dass Sie sich mit den eigenen Wünschen und Ängsten, mit Ihren Grund- und Lebensfragen auseinander setzen und daraus resultierend aktiv Lösungen für Ihre derzeitigen Sorgen und Probleme finden, dann sind Sie auf dem richtigen Weg. Wenn Sie im Orakel aber einen Fluchtweg sehen, der Ihnen das Denken und (unangenehme) Entscheidungen abnimmt, dann sind Sie auf dem falschen Dampfer.

Biografische Notizen

Wie kaum anders zu erwarten, sind die biografischen Informationen über Madame Lenormand in den verschiedenen Handbüchern teils diffus, teils widersprüchlich. Der Schleier des Geheimnisses war und ist im Metier der Wahrsagerei ein ebenso schmückendes wie umsatzförderndes Accessoire. Die meines Erachtens nach detaillierteste Lebensskizze stellt Anne Biwer[6] auf Basis der Bücher Madame Lenormands bzw. zeitgenössischer Dokumente vor. Inwieweit die Angaben der Lenormand selbst zu ihrem Leben allerdings wirklich den objektiven Tatsachen entsprechen, mag angesichts ihrer blühenden Fantasie und ihrer unbestrittenen Geschäftstüchtigkeit, die zweifellos das eine oder andere Detail verbal optimierte, mit gewisser Vorsicht betrachtet werden. Dennoch beziehen sich die biografischen Notizen wesentlich auf die Biwer'schen Angaben und werden durch Facetten in den Darstellungen anderer Autoren ergänzt.

Marie Anne Adelaide Le Normand (geläufig ist seit geraumer Zeit die Schreibweise Lenormand) wurde am 27. Mai 1772 im französischen Alençon als älteste Tochter des wohlhabenden Tuchhändlers Jean Louis Antoine Le Normand und dessen Frau Marie Anne Gilbert in der Grand Rue getauft (geboren wurde sie wahrscheinlich wenige Tage zuvor, doch galt nach damaliger Sitte der Tag der Taufe als Geburtstag).

Ihren Vater verlor sie schon mit knapp sechs Jahren. Ihre Mutter wurde mit einem entfernten Verwandten aus ihrer eigenen Familie wieder verheiratet, damit jemand das Tuchgeschäft weiterführen konnte. Doch starb auch die Mutter nur wenige Monate nach dem Vater. Ihr Stiefvater heiratet wenig später erneut und Marie Anne wird mit sieben Jahren von der neuen Stiefmutter in die Obhut der Benediktinerinnen in Alençon gegeben. Schon hier liest sie ihren Mitschülerinnen aus der Hand, eine Technik, die sie herumziehenden Zigeunern abgeguckt hatte. Nachdem sie der Äbtissin die Absetzung weissagte, was ein halbes Jahr später auch tatsächlich eintrifft, wurde sie von deren Nachfolgerin der Schule verwiesen. Marie Anne wechselte in den folgenden drei Jahren von einer Nonnenschule zur nächsten, wurde aber nirgendwo lange geduldet. Wissensdurst von Mädchen und Wahrsagerei waren ungern gesehene, unfromme und unweibliche Neigungen. Mit zehn Jahren musste sie endgültig die Schule verlassen und wurde von den Stiefeltern in eine Lehre als Näherin gegeben. Die Wahrsagerei übte sie jetzt heimlich aus, eine Lehre der Klostererfahrungen.

Mme. Lenormand in Paris

1786[7] ging sie nach Paris und fand Arbeit in einem Wäschegeschäft. Laut Biwer war dieses Wäschegeschäft im Besitz des Stiefvaters von Marie Anne, welcher in Paris die Filiale des Stammhauses in Alençon führte. Ein dort angestellter junger Buchhalter, Bücherwurm und Geheimschüler, habe sie dann in die Geheimnisse der Kabbala und Astrologie eingeführt. Er berichtete ihr auch von den Lehren des deutschen Arztes Franz Joseph Gall, dem Begründer der Gall'schen Schädellehre, mittels der er aus der Form des Schädels auf die sittlichen und seelischen Anlagen des jeweiligen Menschen schloss. Dieser lebte in London, was Marie Anne von einer Reise dorthin träumen ließ. Ein Gewinn in der Lotterie ermöglichte ihr dann 1787 die Reise. Sie wird von Gall empfangen und sogar unterrichtet. Knapp drei Jahre blieb die junge Wahrsagerin in London, las Fragenden aus der Hand, legte Karten, erstellte Horoskope und deutete Kopfformen, vertiefte ihre astrologischen und kabbalistischen Kenntnisse. Ihre Fragenden stammten aus adligen Kreisen und in kurzer Zeit sammelte Marie Anne eine stattliche Summe Geldes an.

Auch gelangte sie in England bis in die Umgebung der Königsfamilie. Um 1790 kehrt sie nach Paris zurück und bezog zunächst eine Wohnung in der Rue Honoré Chevalier. Seit 1797 war sie offiziell in der Rue de Tournon gemeldet, hat diese Wohnung aber, in der sie bis zu ihrem Tode leben und arbeiten wird, wohl schon früher bezogen.

Karrieresprung

1793 sagte sie drei Männern einen gewaltsamen Tod vorher. Dass das Eintreffen dieser Vorhersage ein wesentlicher Baustein ihres späteren Ruhmes war, versteht man, wenn man die Namen der drei Männer hört: Marat, Robespierre und St. Just. Dadurch erhielt Mme. Lenormand auch in Paris Zutritt zur »besseren Gesellschaft«. Zu ihren Kunden zählten etwa der Maler Jacques Louis David, dessen berühmtes Bild *Der Tod Marats* fast zweihundert Jahre später Salvador Dali in seinem Tarot-Deck zur Gestaltung der Karte Schwerter 4 zitierte, die Schriftstellerin Madame Germaine de Stael oder der Schauspieler François-Joseph Talma.

Marie Anne Lenormand, Mademoiselle Lenormand, wie sie sich nunmehr nennt, trifft auf Madame Gilbert, eine sehr bekannte Wahrsagerin für arme Leute, und lernt von ihr weitere mantische Techniken. Ob nun Madame Gilberte Marie Anne unter ihre Fittiche nahm oder umgekehrt, wie man angesichts des in England erworbenen Vermögens ebenso mutmaßen darf, sei dahingestellt. Jedenfalls arbeiteten die beiden Damen in einem eigenen ›Salon‹, wie man zu der Zeit eine Wahrsagepraxis nannte, und berieten ihre Fragenden mit Hilfe verschiedener wahrsagerischer Techniken wie dem Kartenlegen, Kaffeesatzlesen, Geomantie etc., aber auch der Astrologie. Die Honorare für ihre Dienste legte die Lenormand je nach Finanzkraft des Fragenden individuell fest. Als im Tierkreiszeichen Zwillinge Geborene hatte sie ein gutes

Händchen für alles Kommunikative und Geschäftliche, allerdings hatte sie wohl auch ihre Launen, was Marie Anne Lenormand letztlich aber auf Grund des Venus-Einflusses recht gut im Griff hatte.

Kontakt mit dem Hof

Bei einem Fest lernte sie Josephine de Beauharnais, geborene Tascher de La Pagerie (1763–1814) kennen, eine Bürgerliche kreolischer Abstammung, die durch ihre Ehe mit dem 1794 hingerichteten Grafen Alexandre de Beauharnais in adlige Kreise gelangte und 1796 mit dem späteren Kaiser Napoleon I. Bonaparte verheiratet wurde. Ihr war vorausgesagt worden, sie werde eines Tages einen Thron besteigen. Diese Vorhersage wurde von Mme. Lenormand bestätigt und traf später tatsächlich auch ein. Josephine wurde an der Seite Napoleons 1804 Kaiserin der Franzosen, wurde aber von ihm auf Grund ihrer nicht-fürstlichen Abstammung und der Kinderlosigkeit der Ehe 1809 verstoßen. Josephine und Mme. Lenormand standen in regelmäßigem Kontakt. Laut Biwer sucht der junge Offizier Napoleon Bonaparte die Lenormand schon 1794 in der Rue de Tournon auf und trifft sie später mehrfach wieder. Ob dem tatsächlich so wahr oder ob es eher (von der Lenormand selbst genährte) Legende ist, bleibt im Dunkeln.

Der ›Salon‹ ermöglichte den Damen Gilbert und Lenormand durchaus ein angenehmes Leben, doch Anfeindungen blieben nicht aus. Ein unzufriedener Kunde zeigte sie wegen Wahrsagerei bei der Polizei an, und Madame Lenormand verbrachte eine Weile im Gefängnis. 1803 ließ Napoleon sie verhaften und wegen Hochverrats anklagen, hatte sie doch Josephine geweissagt, er, Napoleon, wolle die Kirche unterwerfen. Doch kaum einen Monat später kam sie durch den allmächtigen Polizeipräfekten Fouché, einem ehemaligen Klienten von ihr, wieder frei. Das Verhältnis der Lenormand zu Napoleon blieb gespannt, auch als sie nach der Krönung 1804 die nunmehrige Kaiserin Josephine weiter beriet. Als sie dieser 1809 weissagte, Napoleon wolle sich scheiden lassen, wurde Madame Lenormand erneut verhaftet, kam aber nach zahllosen Verhören wenige Wochen später frei.

Nun laufen die Angaben wieder etwas auseinander. Während Biwer nichts davon schreibt, berichten andere Autoren, Mme. Lenormand habe Paris nach ihrer Freilassung im Jahre 1809 verlassen und sich bis 1814 in Belgien[8] aufgehalten. Es findet sich aber auch die Angabe, sie habe sich 1815 nach Belgien begeben, wo in Aix la Chapelle eine Zusammenkunft europäischer Staatsoberhäupter stattfand. Dort sei sie vom russischen Zaren Alexander I. empfangen worden. Sie sei dann erst nach einem Aufenthalt von einigen Jahren nach Paris zurückgekehrt.

Jedenfalls erging es Marie Anne Lenormand in den Jahren nach Napoleon sehr gut und sie wurde steinreich. Die Gesetze wurden liberaler, das Bürgertum blühte auf, die Verfassung wurde freizügiger. Madame Lenormand besaß mehrere Häuser und ein Schloss bei Poissy, unweit von Paris. Ein gut gefülltes Bankkonto nebst Aktienpaketen wurde von der Rothschild-Bank verwaltet, ihre Sammlung von Gemälden sowie ihre umfangreiche Bibliothek galten als sehr wertvoll.

Während eines Treffens der ›Heiligen Allianz‹ in Aachen (1818) beriet sie viele der anwesenden Diplomaten. 1820 reiste Madame Lenormand nach Brüssel und wurde dort wegen Spionage und Beteiligung an einem Komplott verhaftet. Sie wurde schuldig gesprochen und eingekerkert. Erst nach Monaten wurde der Prozess in Leuven wieder aufgerollt. Trotz Schuldspruch wurde sie freigelassen und traf im Oktober des Jahres wieder in Paris ein.[9]

Dort nahm sie ihre alte Praxis in der Rue de Tournon wieder auf. Sie schrieb mehrere Bücher, teils autobiografischen, teils zeitgeschichtlichen Inhalts, u. a. auch eine Biografie der Kaiserin Josephine, ein Buch über den Tod Zar Alexanders I. etc. Diese Bücher dienten wohl aber vor allem der Eigenwerbung und, wie oben bereits angedeutet, sind die darin genannten autobiografischen Fakten unter diesem Licht zu würdigen[10]. Diesbezüglich kritisch äußert sich auch Will-Erich Peuckert[11]: »... in ihren Schriften aber wirkt sie unerträglich eitel und großsprecherisch ... Dass sie mit vollem Bewusstsein schwindelt, geht daraus hervor, dass sie unmöglich chaldäisch gesprochen, Hieroglyphen gelesen haben kann ... Das alles war wohl auch nur Draperie.«

Hin und wieder äußerte Madame Lenormand sich in Briefen und Büchern zur aktuellen Politik, hatte sich aber ansonsten seit 1830 weitgehend ins Privatleben zurückgezogen. Die letzten Jahre verbrachte sie vor allem auf ihrem Landsitz Poissy bei Paris. Zusammen mit ihr lebte dort als ihr Sekretär und späterer Biograf ihr Vertrauter Hortensius Flamet. Mme. Lenormand starb im Alter von 71 Jahren am 25. Juni 1843.

Entstehung der Karten

In diesen letzten Jahren sollen auch die heute so berühmten Lenormand-Karten entstanden sein, womöglich waren das die heute als *Große Lenormand-Karten* bekannten Karten. Die heute als *Kleine Lenormand-Karten* bekannten Decks sind vermutlich später als eine einfachere Variante entstanden. »Die Frage, ob das ›kleine‹ Lenormand-Deck ebenfalls von Marianne Lenormand entworfen wurde, kann nur spekulativ bejaht werden.«[12]

Nach Iris Treppner[13] hat Mme. Lenormand »nie spezielle Weissage-Karten entworfen [...] da diese im damaligen Frankreich in zahlreichen Varianten erhältlich waren«. Findige Verleger hätten vielmehr den bekannten Namen »ausgeliehen«, um damit ihre Karten »erfolgreicher in Umlauf zu bringen«. Auch die von Biwer erwogene Urheberschaft von Mme. Lenormand an den so genannten Großen Lenormand-Karten (Grand Jeu de Mlle. Lenormand) hält sie für unwahrscheinlich und vertritt die Auffassung, diese seien wegen ihrer verwickelten und komplexen Bildlichkeit eher in esoterischen Zirkeln der Zeit entstanden.

Eine andere These besagt, dass Mme. Lenormand mit ganz normalen Spielkarten gewahrsagt habe, also gar keine Bildmotiv-Karten nutzte. Das gilt mit Sicherheit für die überwiegende Zeit ihrer Tätigkeit. Wenn sie denn tatsächlich Bild-Symbole in ihre Karten brachte, dann um sie ›ansehnlicher‹ zu gestalten oder geheimnisvoller. Doch mit diesen Thesen bewegen wir uns auf dem dünnen Eis der Spekulation.

Aufbau der Karten

Die ›Kleinen‹ Lenormand-Karten

Diese am meisten verbreiteten Orakelspielkarten, die unter dem Namen Lenormand-Wahrsagekarten angeboten werden, haben 36 Karten mit zumeist jeweils nur einem Bildmotiv (Ring, Haus etc.) in einer bestimmten Reihenfolge, alle sind mit Ziffern von 1–36 durchnummeriert, viele tragen zusätzlich zugeordnete Kartenbilder der so genannten französischen Farben (Herz, Karo, Kreuz, Pik mit den entsprechenden Hofkarten Bube, Dame, König) oder/und interpretierende Verse in mehr oder weniger gelungenen Reimpaaren. Manche tragen dazu noch Namenskürzel bzw. Verlagssignets des Herstellers in zumeist ineinander verschlungenen Buchstabengruppen. Daneben gibt eine Reihe von Kleinen Lenormand-Karten, die von dieser Grundstruktur mehr oder minder stark abweichen.

Sie finden im Schlussteil des Buches eine Galerie mit zahlreichen Varianten der Kleinen Lenormand-Karten, jeweils mit Musterkarten. Die von der Grundstruktur abweichenden Varianten wurden hier aus Platzgründen mit nur wenigen Beispielen aufgeführt. Das Gros dieser Karten ist nicht mehr im Handel und bestenfalls noch antiquarisch zu erstehen.

Die ›Großen‹ Lenormand-Karten

Diese weniger verbreiteten Decks haben in der Regel 52 Karten. Jedes Bild ist dabei in drei Zonen gegliedert.

Die dominante Mittelabbildung (großes Bild) zeigt jeweils ein szenisches Motiv aus der antiken, zumeist der griechisch-römischen, aber auch der ägyptischen oder indischen Mythologie oder der Alchemie.

Die obere Ebene drittelt sich in ein Feld mit Abbildung der entsprechenden Spielkarte (z. B. Karo Ass, Pik König) links, einer astrologischen Sternbildkonstellation in der Mitte und einem Feld mit einem Buchstaben rechts.

Die untere, ebenfalls gedrittelte Ebene, zeigt links und rechts mythologische Motive, szenische Alltagssituationen oder sonstige symbolhafte Darstellungen. Die mittlere Abbildung zeigt Blumenmotive.

Die sehr komplex aufgebauten und demnach auch sehr komplex deutbaren Großen Lenormand-Karten sollen in diesem Buch nicht weiter behandelt werden. Wer über diese Karten und ihre Deutung mehr erfahren möchte, sei auf das umfangreiche Handbuch dazu von Anne L. Biwer (s. Literaturverzeichnis) verwiesen.

Bildmotive auf den Lenormand-Karten

Signifikatorkarten:

Als Signifikatorkarte oder Personenkarte gilt bei einem Mann immer die Karte 28 *Herr*, bei einer Frau immer die Karte 29 *Dame*. Diese stehen jeweils für die Fragestellerin bzw. den Fragesteller und bilden so den Ausgangspunkt einer Auslage.

Karten mit Personenabbildungen:
1 Reiter/13 Kind/28 Herr/29 Dame

Tierkarten:
7 Schlange/12 Vögel/14 Fuchs/15 Bär/17 Storch/18 Hund/ 23 Mäuse/34 Fische

Pflanzenkarten:
2 Klee/5 Baum/9 Blumenstrauß/20 Garten/30 Lilie

Himmelskarten:
6 Wolken/16 Sterne/31 Sonne/32 Mond

Erd- und Gebäudekarten:
4 Haus/19 Turm/21 Berg/22 Wege

Gegenstandskarten:
3 Schiff/8 Sarg/10 Sense/11 Rute/24 Herz/25 Ring/26 Buch/27 Brief/33 Schlüssel/35 Anker/36 Kreuz

Die Bildmotive auf den Lenormand-Karten sind im Prinzip für jeden einfach zu erfassen, weil sie so bekannt sind. Sie entstammen der natürlichen Umwelt oder dem häuslichen Alltagsleben und sind zumindest zum großen Teil zeitlos, stehen als Pars pro Toto nicht für etwas Konkretes, sondern für einen Typus, ein Prinzip. Einen Ring kennt jeder, Klee, Lilien, Berge und Wege, Fische, Mäuse, Hund und Vögel ebenso. Sind Segelschiffe und Bären uns heutigen Menschen eher wenig gegenwärtig (zu sehen bestenfalls bei Windjammerparaden oder im Zoo bzw. Fernsehen, Ähnliches gilt für Schlangen), so zählten diese Dinge für die zur Entstehungszeit der Karten lebenden Menschen durchaus zum natürlichen Umfeld. Für uns heutige Menschen eher museale Gegenstände wie Sense und Rute waren damals ganz gewöhnliche Arbeitsgeräte.

Die Einfachheit der Symbole macht es heute Einsteigern relativ leicht, in die psychologische Symboldeutung hineinzuwachsen.

In Lenormand-Ausgaben der Folgezeit sind viele Motive modernisiert worden. Das Segelschiff wich dem Dampfschiff, das Haus griff aktuelle Architekturströmungen auf, auch die Formen von Ring und Sarg wurden angepasst, die Mobilität und Aufbruchstimmung des Reiters wurde durch einen Dampfzug verkörpert etc. Ein ganz modernes Lenormand-Deck würde wahrscheinlich den Brief durch ein anderes Kommunikationsmedium wie ein Handy oder einen PC ersetzen, der Reiter würde zum Autofahrer etc. Doch die meisten Kartenmotive bleiben unveränderlich, können sich höchstens moderat dem gerade herrschenden Zeitgeist anpassen.

Spielkartenabbildungen auf den Lenormand-Karten

Auf den meisten Varianten der Lenormand-Karten finden Sie, zumeist oben in der Mitte der jeweiligen Karte, in kleiner Abbildung eine zugeordnete ›gewöhnliche‹ Spielkarte, also eine Karte in den so genannten französischen Farben Herz, Karo, Kreuz und Pik. Bei anderen Varianten finden Sie stattdessen erklärende Verse. Warum sind sie dort abgebildet und warum sind sie so den Lenormand-Motiven zugeordnet?

Der Brauch, auf den Zahlenkarten der Farbzeichen Pik, Kreuz, Herz und Karo handschriftlich Orakelsprüche zu notieren oder kleine Skizzen zu zeichnen, hat durchaus eine Tradition, die zumindest bis ins 18. Jahrhundert zurückreicht. In verschiedenen Museen finden sich Beispiele dafür. Karten bieten sich als Träger von Wahrsagesprüchen etc. ja geradezu an. Man kann die Karten mischen und durch Zufall irgendeinen Text »erwischen«, was von einem Kartenleger dann als Wink des Schicksals ausgelegt wird. Die Person des Kartenlegers ist hierbei von zentraler Bedeutung. Der Fragende sieht eine normale Spielkarte, mit der er sonst weiter nichts anfangen kann. Und nun kommen die »Fähigkeiten« des Kartenlegers ins Spiel, der diese Spielkarten interpretiert und dem Fragenden eine Antwort gibt.

Gestatten Sie mir folgende These: Vermutlich waren Sprüche oder Bilder auf den Karten zunächst rein unterstützender Natur, etwas fürs Auge. Ob dabei die Motive mit den zugesprochenen Bedeutungen der Karten in tieferer Beziehung stehen oder ob sie beliebig gewählt wurden, ist kaum mehr festzustellen. Die Bildmotive haben im Laufe der Zeit unter dem Einfluss der gesellschaftlichen Nutzung von Orakelkarten immer mehr die Oberhand gewonnen und haben die Spielkarten im wahrsten Sinne des Wortes an den Rand gedrängt.

Betrachtet man die den jeweiligen Spielkarten zugesprochenen Bedeutungen, dann kommt man nicht umhin, eine gewisse Beliebigkeit zu diagnostizieren. Die von verschiedenen Wahrsagern entwickelten bzw. angewendeten Wahrsagesysteme sind in ihren Aussagen zu einer bestimmten Karte derart unterschiedlich, dass ein und dieselbe Karte gänzlich verschiedene bis gegensätzliche Bedeutungen zugesprochen bekommt. Was im einen System die schlimmste Karte überhaupt im Spiel ist, ist in einem anderen System ein Versprechen großen Glücks und kann positiver kaum ausfallen.

Am Beispiel der Herz 9 sieht das so aus:

Einmal ist die Herz 9 die schlimmste Karte überhaupt im Spielkarten-Orakel. Sie kündigt schwere Krankheiten, Schicksalsschläge der schlimmsten Art, Totalverlust des Vermögens und dergleichen an. Familienkrach und Abschied sind dazu noch die harmloseren Stichworte. Und liegt die Karte auf dem Kopf, dann hat man selber zwar Glück und wird von den angedrohten Katastrophen verschont, doch dafür trifft es einen nahen Freund oder Verwandten.[14]

Genau gegenteilig wird die Bedeutung der Herz 9 bei Allgeier beschrieben. Hier deutet sie auf Liebesglück und/oder Festigung einer Liebesbeziehung hin und sogar auf Erfolg in materiellen Dingen. Die Karte sei als hundertprozentiges ›Ja‹ im Hinblick auf Wünsche und Hoffnungen zu verstehen.[15]

Die Herz 9 vermittelt in wieder anderer Deutung »eine der positivsten Aussagen im gesamten Bild«. Es geht um absolute Liebe, emotionale Verbindungen mit einer Person oder Sache. Jemand, auf den diese Karte fällt, ist gefühlsbetont, liebevoll, anhänglich und beständig. Trotz vieler Schicksalsschläge glaubt er an das Positive.[16]

Ähnlich klingen Stichworte wie Vollendung, Erfüllung im Beruf, karmische Verbindung in Liebesangelegenheiten. Die

Herz 9 als Seelenkarte, die den idealen Seelenpartner in Aussicht stellt.[17]

Die Herz 9 ist auch die Wunschkarte, die Träume wahr werden lässt. Nur wenn sie in diesem System auf dem Kopf erscheint, drohen kleinere Unannehmlichkeiten.[18]

Auch innerhalb der Lenormand-Deutungshandbücher werden die abgebildeten Spielkarten unterschiedlich ausgelegt. Nach Mertz zeigt die Herz 9 auf Karte 1 *Reiter*, dass es um leidenschaftliche Aktion geht. Die 9 stehe für das Neue schlechthin (insofern zur Symbolaussage des Reiters passend) und für eine Erfolg versprechende neue Lebensphase, die Wachheit und Aufnahmebereitschaft für Veränderungen fordert.[19]

Elke Dumke sieht in der Herz 9 die Karte der Liebeserfüllung, des Aufbrauchs und des Beginns, konstatiert aber in negativer Kartenumgebung eine gestörte Beziehung als Aussage dieser Karte.[20]

Die Bedeutungsvarianten bei einem Bildsymbol kann man über die unterschiedlichen Sicht- und Wahrnehmungsweisen anhand von Fakten erklären. Das Sichtbare auf den Karten, die Symbole also, ist wie ein Fenster, das den Blick hinter die Fassade, den Blick in die Welt hinter den Bildern eröffnet. Das eigene Unbewusste wird durch diese Bilder direkt und unmittelbar angesprochen, wird erkennbar und so bewusst wahrnehmbar.

Jedem gehen zu einem Symbol wie dem Reiter oder dem Baum eine ganze Reihe von Assoziationen, Erfahrungswerten, Kenntnissen etc. durch den Kopf, die sich an das optische Bild knüpfen. Und jeder ›sieht‹ auf diese Weise zwar das Gleiche, aber immer doch etwas anderes, eben durch die persönliche ›Brille‹ subjektiv Beeinflusstes. Wer also von einem umstürzenden Baum einmal beinahe erschlagen wurde, hat andere Gedanken beim Bild Baum, als jemand, der unter einer sommerlich schattigen Eiche sein erstes Schäferstündchen verlebte. Solche Assoziationen und Gedanken werden durch das gegenständliche Bildsymbol spontan ausgelöst.

Welche Assoziationen aber sollen durch eine Karo 7 oder eine Herz 9 angesprochen werden? Hier wirken keine Bilder, sondern lediglich abstrakt zugesprochene Eigenschaften. Nicht die Karte selbst spricht also, sondern jemand hat dieser Karte eine Aussage ›verpasst‹, die ich annehmen und glauben oder eben nicht annehmen kann. Persönlich erfahren oder mit persönlichen Erfahrungswerten verknüpfen kann ich die Karte nicht. Ich kann mir selbst kein eigenes Bild machen.

Vor dem Hintergrund des oben erläuterten symboldeutenden Ansatzes dieses Buches führen derartige ›Bedeutungen‹ nicht weiter. Mir bleibt als Fragesteller lediglich eine von Schule zu Schule, von System zu System variierende Aussage. Nachprüfen, nachspüren oder gar selbst erleben kann ich hier nichts. Vor allem bleibt jegliche Information eine aus zweiter Hand. Nicht ich spüre durch Bilder angeregt der für mich wichtigen konkreten Bedeutung nach, sondern bekomme eine fertige serviert.

Je nach Wahrsagesystem hat zudem die Bedeutung der zugeordneten Spielkarte mit der symbolischen Bedeutung des Lenormand-Bildes nichts oder nur sehr am Rande etwas zu tun. Daher wird die Deutung der abgebildeten Spielkarte in diesem Buch außer Acht gelassen.

Die Karten im Einzelnen

Abb 2. Karten der berühmten Wahrsagerin Mlle Lenormand aus Paris, allein richtige Anleitung und Erklärung der Wahrsagekunst in zwei Theilen.
Berlin (Literatur und Kunst Comptoir) 1847

Carta Mundi

Piatnik

Lo Scarabeo

ASS

1 · *Reiter/Kavalier/»Ritter« · Herz 9*

Die Karte 1 zeigt in allen Decks einen Reiter mit Hut zu Pferde. Die Pferde sind in der Regel braun, häufig jedoch auch weiß oder schwarz. Die Kleidung ist meist zivil, seltener Uniform, häufig trägt der Kavalier einen Zylinder. Im Piatnik-Spiel lüpft der *Reiter* seinen Zylinder zum Gruß. Häufig sieht man ein Schloss bzw. eine Burg im Hintergrund. In den hier abgebildeten Beispielkarten links reiten die Kavaliere meist von rechts nach links. Ebenso häufig reiten sie in den unterschiedlichen Decks aber auch von links nach rechts, wie es das Lo-Scarabeo-Beispiel zeigt.

Traditionelle Deutung

Schlüsselbegriffe: Nachrichten, Besuche

... zeigt gute Neuigkeiten an, aber etwas entfernt, dieselben können Bezug haben auf den Wohnort der Person oder können aus einem fremden Lande kommen. Diese Karte ist ein Glücksbote, wenn sie nicht von Unheil bezeichnenden Karten umgeben ist.[21]

Der *Reiter* bringt Neuigkeiten. Die umgebenden Karten zeigen dabei, woher diese Neuigkeiten kommen und welchen Inhalts sie sind. In der Nähe der Signifikatorkarte zeigt der *Reiter*, dass die Nachricht in der Wohnung bzw. in der nahen Umgebung eintrifft, etwa als Eilsendung. Liegt er entfernt von der Signifikatorkarte, dann kommen die Nachrichten aus dem Ausland.

Bewegung kommt also ins Leben, eine neue Phase beginnt. Hoffnungen werden geweckt, Sehnsüchte und Herzenswünsche können in Erfüllung gehen. Es sind Nachrichten, die sich auf den Wohnort der Person beziehen oder aus der Ferne (Ausland) zu erwarten sind. Umgeben von positiven Karten sind die Nachrichten gut, umgeben von negativen Karten sind es schlechte Nachrichten.

Wichtig ist auch, in welche Richtung der *Reiter* schaut[22]. Richtet er seinen Blick in die Vergangenheit (nach links), dann kann die Neuigkeit sich auf etwas aus der Vergangenheit richten, welche in der Gegenwart eine große Bedeutung erhält. Schaut der Kavalier nacht rechts, in die Zukunft, dann wird die Nachricht möglicherweise eine große Veränderung ankündigen.

Umgebungskarten und ihr Einfluss

Liegen die Karten 8 *Sarg* (Ende), 3 *Schiff* (Reisen, Handel, Erbschaft) in der Nähe, und womöglich auch noch Karte 12 *Vögel* (Glücksfälle, Schwierigkeiten, Gedanken), kann eine Erbschaft ins *Haus* stehen. Man erbt durch einen Todesfall eine Menge Geld, kann damit eine weite Reise unternehmen, was man davor für unmöglich gehalten hatte. In der Nähe der Karte 22 *Weg* (Wahl, Entscheidung) verweist der *Reiter* auf jemanden, der/die viel unterwegs ist, einen Vertreter oder Fahrer etwa. Liegt die Karte 27 *Brief* (Nachrichten, Dokumente, Neuigkeiten) beim *Reiter*, so werden Schriftstücke überbracht. Die Karte 26 *Buch* (Geheimnis) fordert auf, die Schriftstücke bzw. die Nachrichten vertraulich zu behandeln. Liegt zwischen der Signifikatorkarte (28 *Herr* oder 29 *Dame*) und dem *Reiter* die Karte 6 *Wolken*, dann droht eine schlechte Nachricht.

Symbolgehalt / Moderne Deutung

Der Reiter ist zunächst einmal ein Mensch, der zu Pferde von A nach B reitet. Doch immer schwingen beim Anblick eines Mannes auf einem Pferd auch die Mythen um die Ritter des Mittelalters mit: Stolz, Ritterlichkeit, Tapferkeit und Edelmut. Da das Reiten lange Zeit in der Geschichte eine der wichtigsten Fortbewegungsarten war, hat sich in der Symbolvorstellung des Reiters eine Vielzahl von Assoziationen versammelt. Im 18./19. Jahrhundert, der Entstehungszeit der Lenormand-Karten, war das Pferd war ein übliches Fortbewegungsmittel und quasi Dienstvehikel der thurn-und-taxis'schen Postillione. Ein Postreiter oder eine Postkutsche sorgten für Aufsehen. Ihre Ankunft im Ort war aufregend und spannend, brachte Abwechslung in den Alltag, neuen Gesprächsstoff und natürlich – neue Nachrichten. Ein ziviler Reiter wurde also zumindest in Europa zum Sinnbild für Reisen, Neuigkeiten und Nachrichten, die von so weit entfernt kamen, dass sie nicht mehr zu Fuß transportiert werden konnten. Solche Nachrichten waren also auch von einer gewissen Wichtigkeit und Dringlichkeit.

Ein anderer Aspekt wird deutlich, wenn wir nach Amerika, in die damals gerade entstehenden USA blicken. Hier war das Pferd, später unterstützt bzw. abgelöst durch die Eisenbahn, die im wahrsten Sinne des Wortes tragende Säule der Erschließung des Landes, insbesondere des ›Wilden Westens‹. Auf dem Rücken der Pferde eroberten sich die Siedler den Lebensraum, welcher von den Ureinwohnern, den Indianern, ebenso auf Pferderücken, verbissen, aber letztlich erfolglos verteidigt wurde. Wenn auch aus heutiger Sicht gerade in dieser Sichtweise eine Menge Cowboyromantik mitspielt (die historische Realität sah sicher weniger heroisch und edel aus), steht der Reiter hier doch für Eroberung einerseits und Verteidigung andererseits.

Heute ist das Reiten ein elitärer Sport, ein Beruf allenfalls für Jockeys. Ein Reiter überbringt heute keine Botschaften mehr, bestenfalls indirekt die, dass er über genügend Geld und Zeit verfügt, sich dieses luxuriöse Hobby leisten zu können. Herrenreiter oder Gutsherr zu Pferde sind mit all ihren Beiklängen positiver (Eleganz, Fürsorge, Gediegenheit etc.) wie negativer (Arroganz, Egozentrik, Rücksichtslosigkeit etc.) Art Begriffe, an die auch die Reiter auf den Lenormand-Karten denken lassen. In Frack und Zylinder zum Teil, so wie heute Dressurreiter ins Dressur-Rechteck einreiten. Auch die Assoziation an Abenteurer, Glücksritter, kann auftauchen.

In der Symbolkunde hat der Reiter noch andere, weniger pragmatische Aspekte. Hier steht er z. B. für die Beherrschung wilder Kraft. In der analytischen Psychologie steht der *Reiter* bzw. das Reiten für gezügelte Erotik, Kraft und Bewegung. Das Reiten steht symbolisch für den Geschlechtsakt, der Reiter für das Wunschobjekt. Der Reiter als Märchenprinz.

In der neutestamentlichen Offenbarung (Apokalypse) des Johannes erscheinen nacheinander 4 Reiter auf einem weißen, feuerroten, schwarzen und fahlen Ross. Der Reiter auf dem weißen Ross versinnbildlicht Christus, den Sieger. Auf den anderen Pferden reiten die Strafengel des Krieges (rotes Ross), der Hungersnot (schwarzes Ross) und des Todes (fahles Ross).

Anregung

Wenn einer eine Reise tut – tut er sie gelegentlich zu Pferd. Das Pferd ist ein kraftvolles Vehikel mit eigenem Willen und eigener Energie, das den Reiter, welcher es zügeln und lenken kann, sicher von A nach B bringt und ihm auch den Ritt in unbekannte Gegenden ermöglicht. Als Tageskarte gezogen regt die Karte an, Ihre Energien (auch sexuelle) zu beherrschen. Lassen Sie ihnen freien Lauf, wenn das Gelände es zulässt, oder zügeln Sie sie, wenn die Wege holprig werden. Eines sollten Sie aber nie: die Zügel aus der Hand geben. Es liegt an Ihnen, wohin Ihre Energien Sie tragen.

Wenn es eine gute Nachricht aus der Ferne gibt, dann diese: Bestimmen Sie Ihr Ziel (dahin will ich), ergreifen Sie die Zügel (die Initiative) und reiten Sie los (packen Sie es an). Jetzt ist es Zeit, Ross und Reiter zu benennen, oder anders gesagt, zu sagen und zu tun, was Sie wirklich wollen. Denn eines will eine Nachricht immer: Dass man sich nach ihr richtet, also reagiert oder agiert, zumindest aber Stellung bezieht. Jetzt!

2 · *Klee/Kleeblätter* · *Karo 6*

Abgebildet wird meist eine ganze Kleepflanze mit drei-, zuweilen auch vierblättrigem Laub und roten Blüten *(Trifolium pratense)*. Die Piatnik-Variante zeigt ein einzelnes, stark überdimensioniertes vierblättriges, panaschiertes Kleeblatt im Kartenzentrum vor einem rosafarbenen (Klee-) Feld.

Traditionelle Deutung

Schlüsselbegriffe: Hoffnung, Glück

... *bringt das große Glück mit sich, umgeben von Wolken ist es Vorbote von großem Kummer; liegt diese Karte aber nahe bei der Karte, welche die Person bedeutet, so wird dieser Kummer keine lange Dauer und einen guten Ausgang haben.*

Diese Karte versinnbildlicht das große Glück bzw. die Hoffnung darauf. Manchmal geht es um ein großes inneres Glück, über das man aber nicht sprechen kann. Der *Klee* bringt auch Geld mit sich.

Umgebungskarten und ihr Einfluss

Liegen die negativen Karten 6 *Wolken*, 8 *Sarg* oder 10 *Sense* in der Nähe, dann ist es im Sinne des Worte ›Sense mit dem Glück‹, sprich, es verlässt Sie. Je weiter weg diese Kartengruppe von der Signifikatorkarte liegt, desto länger wird dieses Unglück anhalten. Liegen diese Karten nahe der Signifikatorkarte, dann drohen zwar Kummer und Schmerz, werden aber nicht lange anhalten.

Carta Mundi

Piatnik

Lo Scarabeo

ASS

Positive Karten wie 4 *Haus* oder 16 *Sterne* in der Umgebung zeigen, dass zu Hause großes Glück erfahren wird und obendrein auch noch Glück in geschäftlichen Angelegenheiten winkt.

Nahe bei der Signifikatorkarte liegend verspricht der *Klee* Trost und Ende der Traurigkeit.

Symbolgehalt / Moderne Deutung

Schon in vorchristlicher Zeit galt der dreiblättrige Klee bei den keltischen Druiden als heilige Pflanze und symbolisierte die vereinte Dreiheit der keltischen Priesterhierarchie: Ovaten, Barden und Druiden. Bis heute ist das Kleeblatt das Symbol des irisch-keltischen Nationalbewusstseins.

Nach der Christianisierung wurde das Kleeblatt zum Dreifaltigkeitssymbol umgedeutet und avancierte zum Symbol des irischen Nationalheiligen St. Patrick, der mit dem Kleeblatt-Kreuzstab eine Schlange tötete. Am St.-Patricks-Tag (17. März) wird kaum ein Ire ohne schmückendes Kleesträußchen an der Kleidung seine Wohnung verlassen.

Das vierblättrige Kleeblatt gilt, da so selten, als das Glückssymbol schlechthin. Dabei stehen die vier Blätter für Gesundheit, Wohlstand, Glück und wahre Liebe, das ganze Rundum-Sorglos-Paket also. Wer ein solches findet, hat ohnehin schon ein riesiges Glück gehabt, und wo viel ist, kommt bekanntlich noch mehr hin …

Die Glückssymbolik geht einerseits auf die Legende zurück, nach der Eva bei der Vertreibung aus dem Paradies ein vierblättriges Kleeblatt in die unwirtliche neue Heimat mit hinausgeschmuggelt habe, welches so als Erinnerung ans Paradies Glück bringe. Unabhängig von dieser Legende geht die Glückskraft des Klees ursprünglich wohl aber auf die vitale Wüchsigkeit des Klees zurück, der in der Landwirtschaft ja noch heute als Futterpflanze eine wichtige Rolle spielt. Klee spendete Lebenskraft und versinnbildlichte diese dann auch gleich. Viel Klee, viel Futter, gut genährtes Vieh: Glück und Lebenskraft also.

Die Redewendung »jemanden über den grünen Klee loben« wird in diesem Zusammenhang unterschiedlich erklärt. Die einen leiten diese Redewendung für ein überschwängliches Lob auch auf die Bedeutung des Klees als wertvolle Futterpflanze zurück, der so Gelobte wird also noch höher gestellt als der wertvolle Klee.

Andere erkennen darin die Vitalität und Lebenskraft, denn dem so Gelobten wird eine sehr große Fähigkeit und Vitalität zugesprochen. Zumal wenn man auch die erotische Komponente berücksichtigt, die der grüne Klee auch hat. War der grüne Klee doch in der mittelalterlichen Minnelyrik ein Ort des erotischen Zusammentreffens. Und wer »über den grünen Klee« gelobt wird, muss in demselben doch recht vital gewesen sein, oder klingt da doch leiser Zweifel mit, ob der Gelobte das Lob denn überhaupt verdient?

Das leitet zur dritten Sichtweise über, die auf der Tatsache beruht, dass Klee früher zur Grabbepflanzung verwendet und auf diese Weise auch zum Symbol der Auferstehung wurde. Und da man über Tote nicht schlecht reden soll, erst recht nicht an dessen Grab (über dem grünen Klee also), ist ein solches Lob sicher nicht immer ganz ehrlich gemeint.

Zur Vitalität passt die Schönheit und »so baden die Mädchen, um schön zu werden, in der ersten Mainacht im taunassen Klee«, schreibt der Volkskundler E. H. Meyer 1898.[23]

Das ›gewöhnliche‹ dreiblättrige Kleeblatt ist durchweg positiv befrachtet, verweist aber auch auf das Gewöhnliche, Normale. Als außergewöhnlich und damit herausragend als Glücksbringer gelten das vierblättrige (s.o.) und das fünfblättrige Kleeblatt, welches gelegentlich als Hinweis auf eine glückliche Ehe verstanden wird. Da nun die Häufigkeit fünfblättriger Kleeblätter noch geringer ist als die der vierblättrigen, ahnt man, wie schwer es ist, eine Ehe glücklich zu gestalten. Fast wie ein ›Sechser‹ im Lotto. Wünschen Sie sich aber lieber kein sechsblättriges oder sonst wie vielblättriges Kleeblatt: Diese gelten als Unglücksbringer! Denn so viel Glück kann ja keiner aushalten, das muss schon mit dem Teufel zugehen.

Anregung

Als Tageskarte gezogen, verdeutlicht die Karte Folgendes: Glück ist keine Glückssache. Für sein Glück kann und muss man arbeiten, gelegentlich sogar kämpfen. Erkennen Sie Ihr persönliches Glück in dem, was Sie erreicht haben. Ihre eigene Lebenskraft und Ihr Wille bestimmen letztlich Ihr Glück. Wenn es Ihnen nicht reicht, streben Sie nach mehr! Planen Sie aber auch mögliche Hindernisse und ›Wolken‹ ein. Diese gehören dazu, woran sollten Sie Ihr Glück erkennen, wenn Sie nicht auch das Unglück kennen?

3 · *Schiff* · Pik 10

In der Regel zeigt die Karte 3 ein Segelschiff unterschiedlicher Größe. Bei moderneren Entwürfen nach 1900 ist es meist ein Dampfschiff (siehe Piatnik oder ASS).

Traditionelle Deutung

Schlüsselbegriffe: Reisen, Reichtum durch Handel oder Erbschaft

… bedeutet Reichtum, welchen man durch Handel oder Erbschaft erlangen wird, es bedeutet auch eine Reise, wenn es ganz nahe an der Person liegt.

Eine Reise steht an, eine Erbschaft oder ein guter Geschäftsabschluss, oder anders gesagt, Reichtum durch Handel oder

Carta Mundi

Piatnik

Lo Scarabeo

ASS

Erbschaft winkt. Ein Umzug oder eine plötzliche (räumliche) Veränderung können ins Haus stehen. Eine Angelegenheit, die verwickelt erscheint, kann durch eine sachliche Analyse und Betrachtung gelöst werden. *Handel ist Wandel* lautet eine alte Redewendung. Beides bringt Segen. Abschiedstränen zum Reisebeginn sind natürlich, doch wenn solcher Gewinn lockt, wer weint da nicht gern ein paar Tränen …

Umgebungskarten und ihr Einfluss

Wenn die Karte 6 *Wolken* in der Nähe liegt, dann stören negative Einflüsse. Auch die Karten 7 *Schlange* und 8 *Sarg* verweisen auf Probleme auf der Reise (Vorsicht vor Dieben bzw. Reiseunfällen) oder bei der Abwicklung der Erbschaft.

Butter bei die Fische: Wenn die *Fische* (Karte 34) das *Schiff* umschwimmen, können Sie sich auf eine größere Geldsumme freuen, *Fische* kündigen Reichtum an. Sie können z. B. auf einen lukrativen Geschäftsabschluss, möglicherweise im Ausland, deuten.

Die Karte 17 *Storch* in der Nähe des Schiffes deutet auf eine weite Flugreise, auf jeden Fall aber eine große Veränderung in Ihrem Leben.

Eine weite Reise steht bevor, wenn das *Schiff* in der Nähe der Signifikatorkarte liegt.

Symbolgehalt / Moderne Deutung

Allgemein gilt das Schiff als Symbol für Reise oder auch für das Leben, insbesondere das Leben als ›Lebensfahrt‹ (so etwa auch in Homers *Odyssee* zu verstehen). In christlicher Sicht wird oft die Kirche als Schiff aufgefasst, welches zum himmlischen Ziel trägt (Kirchenschiff). Die Arche Noah, das rettende Schiff, steht dabei symbolisch für die Kirche bzw. den Glauben, der den Gläubigen sicher über das wilde Meer der weltlichen Gefahren trägt.

In den Begräbnisriten der Wikinger, aber auch anderer Völker (Ozeanien), symbolisiert das Totenschiff, entweder als richtiges Schiff, auf welchem der Leichnam aufs Meer hinaus treibt, oder als aus Stein gesetztes Schiffsgrab an Land (entweder mit einem echten Schiff oder in Schiffsform errichtet) die Fahrt ins Jenseits. Auch in der griechischen Mythologie ist ein Schiff, genauer ein Kahn, das Vehikel, mit welchem die Seelen von Charon, dem blinden Fährmann, in die Unterwelt übergesetzt werden.

Das Schiff symbolisiert also vor allem einen Übergang, es kann auch Rettung versprechen (Schiffbrüchige, die von anderen Schiffen aus dem Wasser gefischt werden) oder den Aufbruch in eine neue Welt oder, abstrakter, ins Unbekannte (etwa wie die europäischen Entdeckungsreisenden im 15.–17. Jahrhundert, die per Schiff gen Westen segelten und dort u.a. Amerika »entdeckten«).

Ein weiterer Aspekt ist der des Gefühls bzw. des Seelenlebens, den das Symbol Schiff berührt. Ein Schiff fährt oder treibt auf dem Meer, dem Wasser. Wasser ist in der Symbolsprache ein Sinnbild für das Gefühls- oder Seelenleben. Das Schiff steht somit auch als Vehikel, welches sicher über emotionale Wogen und seelische Abgründe tragen kann, auch wenn man dabei durchaus einmal seekrank werden kann. Das Schiff hat als oben auf schwimmendes Vehikel eine gewisse Distanz zum Wasser. Der lautlich ähnliche Fisch dagegen schwimmt im Wasser, hat als keine Distanz zum Gefühl.

Ein Schiff steht für das Weibliche, genauer für die Sehnsucht nach Weiblichkeit, insbesondere, wenn es weit weg ist. Schiffe werden überall als weiblich aufgefasst (man sagt *die* Titanic oder *die* Norway, sogar *die* Paul Södermann, wenn denn einmal jemand statt des üblichen weiblichen Schiffsnamens einen männlichen vergibt).

Häufig ist das Schiff auch ein Symbol für Freiheit und Wagemut, aber auch für Flucht, die ja gegebenenfalls auch eine Befreiung sein kann und ohne einen gewissen Wagemut kaum durchführbar wäre.

Abenteuerliche Schiffsreisen sind in der klassischen Literatur (Sindbad, Robinson Crusoe, Moby Dick etc.) Sinnbilder für einen von Abenteuer und Freiheitsdurst geprägten männlichen Lebensweg. Eingedenk des psychoanalytischen Weiblichkeitsaspektes des Schiffes, liegt die Interpretation nahe, dass diese männlichen Lebenswege auch eine Suche nach der anderen Hälfte, der weiblichen Hälfte in sich selbst, also eine Suche nach innerer Harmonisierung (Yin-Yang) sind.

Anregung

Wenn Neues beginnt, ob gewollt oder ungewollt, ist dies immer mit emotionalen Extremen verbunden. Euphorie und Angst liegen dicht beieinander.

Ihr ›Schiff‹ ist nur mit klarem Verstand durch diese Untiefen zu navigieren. Sie selbst sind der Kapitän. Als Tageskarte rät die Karte dazu, drohende Klippen zu umschiffen und gurgelnden Strudeln auszuweichen. Sich von Gefühlen tragen zu lassen ist besser, als in ihren Turbulenzen unterzugehen. Anders gesagt, Gefühle gehören dazu, doch versuchen Sie, eine gewisse Distanz oder Coolness zu behalten, zumindest ein paar Schiffsplanken sollten zwischen Ihnen und dem tosenden Meer liegen. Benutzen Sie Ihren inneren Sextanten, richten Sie Ihren inneren Kompass ganz auf Ihre persönlichen Ziele aus und halten Sie trotz eventuell nötiger Umwege (gegen den Wind kreuzen), Wenden und Halsen den eingeschlagenen und für gut befundenen Kurs. Vertrauen Sie auch auf Leuchttürme und Peilfeuer am fernen Ufer (Wertmaßstäbe, gute Freunde etc.). Sie stehen nicht umsonst dort. Sie zeigen Ihnen den richtigen Weg.

4 · *Haus* · *Herz König*

Eines haben alle abgebildeten Häuser gemeinsam: Gewöhnlich oder gar armselig sind sie alle nicht. Kein Reihenhaus, keine Etagenwohnung in einer Mietskaserne, kein dunkles Souterrain im dritten Hinterhof. Großbürgerliche (Piatnik) oder gar aristokratische Behausungen im gehobenen Landhaus- oder Lustschlossstil (Carta Mundi, Lo Scarabeo) oder zumindest eine extravagante Designervilla im Bauhausstil (ASS) werden hier vorgestellt. Und allesamt sind sie in wunderbar angelegte, parkähnliche Gartenanlagen mit repräsentativen Zuwegungen eingebettet. Wunschträume für die meisten, die sich mit Kartenlegen Klarheit über ihre Zukunft erhoffen.

Traditionelle Deutung

Schlüsselbegriffe: Das Heim, Erfolg und Wohlstand, Geborgenheit

... bedeutet Gelingen und Segen in allen Unternehmungen. Wenn selbst die gegenwärtige Lage der Person unglücklich ist, darf sie eine bessere für die Zukunft erwarten. Wenn diese Karte in der Mitte des Spiels liegt, unter der Person, so ist es ein Wink für sie, sich vor denjenigen zu hüten, die sie umgeben.

Zu Hause fühlt man sich geborgen und sicher, findet Frieden, ist zufrieden. Zudem ist man dort von liebevollen Menschen umgeben. Das Haus bedeutet die sichere Heimstatt im Sinne von ›My home is my castle‹. Allgemein gilt diese Karte als Zeichen für Wohlstand. Geborgenheit, Frieden und Wohlstand. Und was nicht ist, kann noch kommen. Also blicken Sie mit Zuversicht in die Zukunft. Ein Freund und Helfer wird Ihnen bei Problemen bald zu Hilfe eilen, auch wenn's noch etwas dauern kann.

Carta Mundi

Piatnik

Lo Scarabeo

ASS

Umgebungskarten und ihr Einfluss

In der Nähe der Karte 28 *Herr* oder 29 *Dame* kann die Karte 4 *Haus* anzeigen, wer und wie die Bewohner des Hauses sind. In der Nähe der Signifikatorkarte deutet es auf einen glücklichen Ausgang der Unternehmungen des Fragenden hin. Ist die aktuelle Situation des Fragenden weniger gut, so steht eine Verbesserung ins Haus. Vor allem bedeutet es Glück, wenn keine negativen Karten in der Nähe liegen. Liegt die Karte in der Mitte einer Auslage, womöglich noch direkt unter der Signifikatorkarte, dann mahnt sie, sich vor der eigenen Umgebung in Acht zu nehmen. Dann lauern Missgunst und Widerstand von anderen. In Kombination mit der Karte 17 *Storch* steht eine Veränderung, sprich ein Umzug bevor.

Symbolgehalt / Moderne Deutung

Ein Haus bedeutet Schutz, Heimat, das, mit dem man sich identifiziert, der Mittelpunkt der eigenen Welt. Es symbolisiert auch den menschlichen Körper, die vorübergehende ›Behausung‹ der Seele. In der psychoanalytischen Traumdeutung stehen Haus und Körper in noch engerer Beziehung. Hier steht die Hausfassade für das äußere Erscheinungsbild eines Menschen, das Dach entspricht dem Kopf (Geist und Bewusstsein), der Keller steht für die Instinkte und Triebe, das Unbewusste. Es verkörpert die Persönlichkeit und den Körper des Träumenden. Ein großes Haus mit vielen Räumen weist danach auf ein Wachstum des Bewusstseins hin und eine Ausdifferenzierung der eigenen Persönlichkeit. Ein marodes Haus deutet auf die Vernachlässigung der eigenen Persönlichkeit hin und ruft nach Erneuerung und Aufbau. Ein Haus ist auch ein Objekt, das nur nach und nach, auch unter großen Mühen aufgebaut wird, es steht also auch, wenn's denn fertig ist, für persönliche Leistung und Erfolg.

Anregung

Wer kein Haus besitzt, träumt oft davon, eines zu haben. Wer endlich eines besitzt, träumt manchmal, es nicht mehr zu haben. Ein Haus ist kostbar und kostspielig und muss permanent in Stand gehalten werden, damit es nicht an Wert verliert und vor allem seine ureigentliche Funktion erfüllen kann: Heimstatt, Zuflucht, Zuhause zu sein für seine Bewohner. Geborgenheit und Schutz müssen häufig genug teuer erkauft und dann immer wieder verteidigt werden. So ist es auch mit uns selbst. Wir zahlen unendlich viel Lehrgeld im Laufe unseres Lebens, um dann irgendwann einen Status des in uns selbst zu Hause Seins zu erreichen. Wozu regt diese Karte als Tageskarte an? Wie an einem Haus müssen auch wir ständig an uns selbst arbeiten, körperlich und seelisch, unser Bewusstsein reinigen, erweitern, umbauen, um uns selbst eine solide Heimstatt zu sein. Nur wer in sich zu Hause ist, die innere Mitte gefunden hat, kann sich auch in sich wohl und geborgen fühlen. Kümmern Sie sich um Ihren Körper in gleichem Maße wie um Ihre Seele. Streben Sie danach, beides in gutem Zustand zu halten. Sportliches Training für den Körper und abwechslungsreiche geistige Nahrung halten Sie fit. Besonders jetzt!

5 · Baum · Herz 7

Auf allen Karten sind mächtige Einzelbäume mit ausladenden Kronen und machtvollen Stämmen abgebildet, die entweder an einem (Lebens-)Weg (Carta Mundi), (Lebens-)Fluss (Lo Scarabeo) oder See (Piatnik) stehen oder sonst frei in der Landschaft. In der ASS-Version finden wir den Aspekt der Besinnung, vielleicht auch den des Gerichthaltens, angedeutet in der Bank unter dem Baum.

Traditionelle Deutung

Schlüsselbegriffe: Gesundheit, Wachstum

... fern von der Person gelegen, ist ein Zeichen von Gesundheit, mehrere aber beisammen [sic!] lassen keinen Zweifel über die Erfüllung der Wünsche und über ein künftiges blühendes Glück.

Diese Karte signalisiert Gesundheit, dauerndes Glück, Kraft und Wunscherfüllung. Der *Baum* ist auch die Karte der kraftvollen und sich dynamisch entwickelnden Persönlichkeit. Gesund, kraftvoll, stark: Wer wünscht sich das nicht. ›Eile mit Weile‹ und ›Alles mit Maßen‹ sprachen die Alten. *Gut Ding will Weile haben*, das gilt für Bäume ebenso wie für uns. In Ruhe wachsen und sich entwickeln und dabei gesund bleiben an Körper und Seele, dann erfüllen sich die kleineren Wünsche ganz nebenbei.

Umgebungskarten und ihr Einfluss

Ob es nun um Krankheit oder Genesung geht, oder ob man die nötige Energie zur Festigung der eigenen Persönlichkeit hat, hängt von den Umgebungskarten ab.

Liegt die Karte 5 nahe der Signifikatorkarte, dann sollte die Fragende bzw. der Fragende auf seine Gesundheit besonders Acht geben. Liegt der *Baum* entfernt von der Signifikatorkarte, dann ist die bzw. der Fragende gesund, fühlt sich wohl und stark wie ein Baum auf freier Wiese. Liegt die Karte 8 *Sarg* in der Nähe, dann steht es schlecht mit der Gesundheit der Klientin bzw. des Fragenden. In der Nähe anderer Karten mit Bäumen darauf (z. B. Karte 4 *Haus*, 18 *Hund* o.ä.) steht die Karte für die Erfüllung Ihrer Wünsche.

Symbolgehalt / Moderne Deutung

Der Baum ist ein uraltes, archetypisches Symbol für das Leben (Lebensbaum) und das Menschsein. Wie der Baum mit den

Carta Mundi

Piatnik

Lo Scarabeo

ASS

Wurzeln in der Erde steckt und mit seiner Krone bis in den Himmel reicht, so hat der Mensch ebenfalls Anteil an beiden Bereichen. Verwurzelt im Körperlich-Irdischen, ›geerdet‹, hat der Mensch die Freiheit des Geistes, die ihn in die höchsten Himmel tragen kann.

In fast allen Kulturen wurde der Baum verehrt. Bäume waren die Wohnsitze von Geistern und Elfen oder, wie in der nordischen Mythologie, der Ursprung der Menschen. Nach der Edda erschufen die Götter Odin, Hönir und Lodur die ersten Menschen (Ask und Embla) aus Bäumen. Yggdrasil, die Weltenesche, spielt dann auch als heiligster Baum der germanischen Völker eine herausragende Rolle in der nordischen Mythologie. Unter Bäumen, namentlich Eschen und Eichen, wurde Recht gesprochen, beraten, regiert.

In der Traumdeutung symbolisiert der Baum die Entwicklung und das Wachstum des Träumenden. Als Symbol des Beständigen (wegen seiner langen Lebensdauer) und des Schutzes steht er auch für Naturverbundenheit und erhaltenden Schutz der Natur. Während die aus dem Stamm entspringenden Äste und das schützende Blätterdach für die weiblichen-mütterlichen Aspekte stehen, ist der Stamm des Baumes ein männliches Symbol, nach Freud auch ein Phallussymbol. Diese Sicht liegt etwa Begriffen wie ›Stammhalter, Stammbaum‹ u.ä. zu Grunde.

Durch seine jahreszeitlichen Veränderungen symbolisiert der Baum auch Leben, Tod und Wiederauferstehung. Im christlichen Paradies ist der Baum des Lebens ein Sinnbild für die Auferstehung und seine Früchte bringen das Heil. Als Baum der Erkenntnis spielt der Baum eine zentrale Rolle in der biblischen Schöpfung, sind es doch seine verbotenen Früchte, von welchen, verführt von der Schlange, Adam und Eva aßen und infolgedessen mit flammenden Schwertern des Garten Edens verwiesen wurden.

Anregung

Einen Baum umarmen, ganz direkt die urtümliche Energie dieser Pflanzenriesen in sich aufnehmen, die Wange eng an die raue Rinde geschmiegt, das Ohr lauschend an den mächtigen Stamm gepresst: So traten in nordamerikanischen Indianerkulturen die Menschen in Kontakt zu ihrem Totem und so machen es heute wieder zahllose Zivilisationsgeschädigte, um zu sich selbst und zu einer Harmonie mit der Natur zurückzukehren. Bäume wachsen langsam, brauchen teilweise Jahrhunderte, um die imposante Größe zu erreichen, die machtvolle Dicke des Stammes, die riesigen Blätterdächer ihrer Kronen, welche wir so bewundern. Als Tageskarte rät der Baum, sich in der Alltagshektik Zeit zu lassen, sich auf die elementaren Dinge des Lebens zu besinnen. Gut Ding will Weile haben: Kraft und Größe brauchen Zeit, sich langsam zu entwickeln, sie brauchen Geduld. Überanstrengen Sie weder Ihren Geist noch Ihren Körper, überschätzen Sie nicht Ihre Kräfte.

6 · Wolken · Kreuz König

Während man auf der Carta-Mundi-Abbildung die Wolken über den umgischteten Meeresklippen kaum erkennen kann, so türmen sie sich gewittrig-bedrohlich auf der Piatnik-Darstellung über See oder als Regen ankündigende Kumulonimbus-Wolke über einer hügeligen Landschaft auf der Lo Scarabeo-Karte. Schon fast abstrakt in Form und Dreifarbigkeit (bräunlich, weiß und schwarz) sind die Sturmwolken der ASS-Karte über dem schneebedeckten Hochgebirge. Die verschiedenen Darstellungsweisen bewirken je andere emotionale Reaktionen. Während die Carta-Mundi-Variante eher lieblich und angenehm wirkt, ist der bedrohliche Charakter im Piatnik-Bild überdeutlich, die bedrohliche Ruhe vor dem

Sturm. Das Lo-Scarabeo-Bild wirkt wieder ruhiger, ahnungsvoll zwar, aber weniger bedrohlich. Nun könnte man mal langsam die Regenjacke herausholen, so die Botschaft hier, während einem im ASS-Bild der Regensturm buchstäblich schon um die halb erfrorenen Ohren pfeift. Bei den meisten Varianten sind die *Wolken* mehr oder weniger ausgeprägt in eine hellere und eine dunklere Seite geteilt, was für die Deutung relevant ist.

Traditionelle Deutung

Schlüsselbegriffe: Schwierigkeiten, Unklarheiten, Hindernisse

… die helle Seite der Person zugewandt, sind ein glückliches Zeichen; die dunkle Seite dagegen zeigt Unannehmlichkeiten an.

Günstig, wenn die Karte mit der hellen Seite nahe bei der Signifikatorkarte liegt. Ansonsten drohen Schwierigkeiten und Unannehmlichkeiten. Hindernisse stellen sich in den Weg. *Wolken* verdüstern die guten Aussichten. Je dunkler die *Wolken*, desto regenträchtiger sind sie. Je nachdem, ob es helle Schäfchenwolken sind oder dunkle Gewitterwolken: Die Wetterlage ändert sich. Machen Sie sich auf Blitz und Donner gefasst oder zumindest auf einen kühlenden Regen. Doch wie sagt der Volksmund: *Nach Regen kommt auch wieder Sonnenschein.*

Umgebungskarten und ihr Einfluss

Die dunkle Seite der *Wolken* zeigt je nach daneben liegender Karte, wo bzw. in welchem Kontext die Schwierigkeiten auftauchen werden. Negative Umgebungskarten (z.B. 8 *Sarg*, 14 *Fuchs* o.ä.) können die negative Aussage der *Wolken* verstärken.

Im positiven Sinne beruhigt die Karte, dass man eine bevorstehende unangenehme oder gar gefährliche Situation gut durchstehen wird.

Carta Mundi

Piatnik

Lo Scarabeo

ASS

Symbolgehalt / Moderne Deutung

In der abendländischen Tradition stehen Wolken für Verhüllung, für das, was den Blicken entzogen bzw. verborgen ist, was auf verschiedene Bibelstellen zurückzuführen ist (Apg 1, 9; Lk 21, 27). In diesem Sinne behindern sie also die freie Sicht. Doch schon in der Antike galten die Wolken bzw. die von Wolken umhüllten Berge (z. B. Olymp) auch als Wohnstätte der Götter. In Himmelsdarstellungen fungieren Wolken häufig als Thron Gottes. Im Islam stehen Wolken für die Unerforschlichkeit Allahs.

In Naturreligionen symbolisieren Wolken als Regenbringer die Fruchtbarkeit. Im alten China hatten Wolken, insbesondere mehrfarbige, als Glücks- und Friedenssymbole eine hohe Bedeutung. Man sah ihre Entstehung als Produkt der Vereinigung der Urprinzipien Yin und Yang. Zugleich steht die Wolke, die sich am Himmel bildet und wieder auflöst, hier aber auch für die Notwendigkeit der Wandlung, um die irdische Persönlichkeit im Unendlichen aufgehen zu lassen.

In der Traumdeutung werden dunkle Wolken als Indikatoren für die Stimmung des Träumers gedeutet, als Ausdruck von Trübsal, Sorgen oder Krankheit. Während weiße, zarte Wölkchen eine heitere, vergnügliche Zeit beschreiben, stehen düstere Wolken auch hier für kommende Schwierigkeiten. Traumwolken warnen aber auch davor, sich zu sehr von der Realität abzulösen, im ›Wolkenkuckucksheim‹ zu leben.

Anregung

Ob Sie nun gerade auf Wolke sieben oder gar über allen Wolken schweben, seien Sie sich klar darüber, wie schnell man aus allen Wolken fallen kann. Manchmal ist tatsächlich erst ein Wolkenbruch nötig, um den ganzen Staub des Alten abzuwaschen.

So schnell düstere Wolken auch aufziehen, so schnell verziehen sie sich auch wieder. Und sie hinterlassen meist fruchtbar beregnetes Land, oder anders gesagt: So heftig die Prüfungen und Schwierigkeiten auch sein mögen, Sie können nur daraus lernen und daran wachsen!

7 · Schlange · Kreuz Dame

Die jeweils abgebildete Schlange windet sich entweder um einen Baum (Carta Mundi, Lo Scarabeo) oder am Boden (Piatnik, ASS). Erstaunlicherweise sind auf allen derzeit lieferbaren Varianten dieser Karte 7 keine europäischen Schlangen dargestellt. Bei der Carta-Mundi-*Schlange* handelt es sich offenbar um eine Pythonart (Afrika), Piatnik bildet eine Kobra (indischer Subkontinent), ASS eine Klapperschlange (Amerika) und Lo Scarabeo eine nicht näher definierbare grüne Baumschlange (jedenfalls nicht in Europa beheimatet) ab. Keine Kreuzotter, keine Ringelnatter o.ä.

Traditionelle Deutung

Schlüsselbegriffe: Verrat, Unheil, Veränderungen

... ist ein Zeichen von Unglück, welches sich darnach richtet, ob diese Karte nah oder weit von der Person entfernt liegt, sie bringt jedoch immer mit sich Heuchelei, Verrat und Verlust.

Das Böse schleicht sich manchmal heimlich an. Eine deutliche Warnung vor falschen Freunden und Schmeichlern im Privaten, erst recht aber in geschäftlichen Angelegenheiten. Möglicherweise bekommen Sie es auch mit einer Person zu tun, die psychische Schwierigkeiten hat oder die Ihnen Ihren Erfolg neidet und Ihnen Schaden zufügen will. Hüten Sie sich vor Intrigen (etwa im Kollegenkreis)! Auch vermeintliche Freunde können sich als Verräter entpuppen. *Holzauge sei wachsam*, rät der Volksmund. Halten Sie sich falsche Schlangen vom Leib.

Umgebungskarten und ihr Einfluss

Die Karte warnt vor Unheil und Verrat. Je näher an der Signifikatorkarte, desto dringlicher sollte diese Warnung beherzigt werden. Auch wenn die Schlange weit weg von der Signifikatorkarte liegt, sollten Sie auf die Karten achten, welche die 7 umgeben. Daran können Sie schon sehen, woher die Gefahr droht, und können sich rechtzeitig wappnen. Vorsicht, wenn jemand Unbekanntes an der Tür klingelt. Seien Sie nicht zu vertrauensselig, auch wenn die vor Ihnen stehende Person kein Wässerchen trüben zu können scheint. Verschließen Sie Türen und Fenster gut, wenn Sie das Haus verlassen. Liegt die Karte 23 *Mäuse* nahe der Schlange, drohen Diebstahl und/oder Einbruch. In der Nähe der Karte 24 *Herz* signalisiert die Schlange Eifersucht und warnt neben der Karte 34 *Fische* vor finanziellen Verlusten.

Symbolgehalt / Moderne Deutung

Die Schlange ist ein uraltes Symbol und ein Archetyp der Instinktnatur. Die Furcht vor ihr scheint geradezu angeboren, befördert ihr Biss doch, so es sich um ein giftiges Exemplar handelt, schnell ins Jenseits.

Doch ist die Schlange von ihrem Symbolgehalt her sehr ambivalent. Einerseits ist der Tod mit ihr verbunden, andererseits steht sie für Wiedergeburt, neues Leben, für den unendlichen Kreislauf. Ebenso wie die Raupe, der Maikäfer und der Frosch ist die Schlange ein Wandlungstier. Sie streift ihre alte Haut ab, wenn sie ihr zu eng wird, und erneuert sich so regelmäßig. Als solches regt sie zur eigenen Wandlung an, zum Abstreifen alter, zu eng gewordener ›Kleider‹ (Rollen, Lebenssituationen etc.) und zur Ent-Hüllung des eigenen wahren

Carta Mundi

Piatnik

Lo Scarabeo

ASS

Wesens. Als derart positive Aufforderung wird die Schlange auch in der Traumdeutung aufgefasst, wenn sie (wie hier auch auf der Karte) allein auftritt. Viele Schlangen, etwa in der sprichwörtlichen Schlangengrube, dagegen werden in der Traumdeutung negativ als Durcheinander verschiedenster Tendenzen im Leben des Träumers gewertet.

Als Ouroboros umwindet die Schlange die Welt mit ihrem Körper, schützt sie damit. Eine andere Sicht ist die germanische Schlange Jormungand, welche die Welt des Menschen, Mitgard, umschlingt und so zu zerdrücken sucht, also eine Bedrohung ist.

Dann wieder gilt sie als Symbol für Weisheit, Unsterblichkeit und Mystik, ja sie gilt sogar (in alten sumerischen Schriften) in Gestalt der Urmutter und Urschlange Tiamat als Schöpferin der Welt. Als Symbol auf der ägyptischen Herrscherkrone stand die Schlange für Weisheit und mystische Einweihung.

In Sumer, Ägypten und Griechenland, vor allem Kreta, gab es Schlangenkulte, in denen dieses Tier als Göttin bzw. Gott verehrt wurde. Darin wurde die Schlange auch mit der Heilkunst verbunden, eine ›Ehe‹, die wir noch heute im dem Äskulapstab der Mediziner gegenwärtig finden. Auch der Caduceus, der schlangenumwundene, an der Spitze geflügelte Stab des Griechen-Gottes Hermes, mit dem dieser die Seelen der Toten rettete und die Träumer aufweckte, reicht in seinen Ursprüngen dahin zurück. Die zwei Schlangen stehen für die Gegensätze Heilung und Vergiftung bzw. Gesundheit und Krankheit. Zugleich ist der Caduceus ein altes alchemistisches Symbol für Dualität und die Kraft der Umwandlung. Der Stab zwischen den Schlangen stellt die Weltachse dar, die *axis mundi*, an der entlang die Botschaften der Götter auf die Erde gelangen.

Schließlich ist die Schlange ein altes Phallussymbol und ein Symbol für Sexualität und Fruchtbarkeit und wurde u.a. mit der Göttin Ishtar (Astarte), einer Vorgängerin der griechischen Liebesgöttin Aphrodite, assoziiert.

Die heute überwiegende negative Ruf der Schlange geht wesentlich auf die Bibel, speziell die ihr zugesprochene Verführerrolle im Paradies des Alten Testaments zurück. Die Schlange (der Teufel, das Böse, das Symbol der alten Fruchtbarkeitskulte) verführt Eva zum verbotenen Genuss des mit Tabu belegten Apfels von Baum der Erkenntnis (übrigens auch der Apfel ist ein Fruchtbarkeitssymbol) und bewirkt so die Vertreibung von Adam und Eva aus dem Paradies. Dieses Unglück, der Verlust des Paradieses, machte die Schlange bis heute zur Botin des Unglücks.

In den Schöpfungsmythen der Aborigines in Australien spielt die Regenbogenschlange als Bindeglied zwischen Himmel und Erde, zwischen der lebbaren und metaphysischen Welt eine wichtige Rolle. Wesentlicher Kern dieser wie aller Schöpfungsmythen ist die Umwandlung des Chaos, in dem sich die Erde befindet, in eine Ordnung, die es dann mit aller Kraft aufrecht zu erhalten gilt. Denn Chaos bedeutet Untergang. In einigen australischen Mythen ist die Regenbogenschlange auch der Weg, über den in Initiationsriten der Einzuweihende in den Himmel gelangt, um dort dann neues Wissen zu erlangen.

In asiatischen Traditionen kennt man Kundalini, die Schlangenkraft. Diese liegt dreimal um das Wurzelchakra gewunden am Ende des Wirbelsäule. Wenn sie erweckt wird, windet sich diese Urenergie die Wirbelsäule hinauf bis zum Kopf, was man Erleuchtung nennt. Die geweckte Kundalini-Energie kann zum Heilen eingesetzt werden und ist auch wesentlicher Bestandteil der sexuellen Ekstase (Tantra).

Anregung

Ob Sie die Schlange nun als Warnung vor Intrigen und Verrat verstehen oder als Signal, eine ›Häutung‹ zu vollziehen, achten Sie aktuell auf sich vollziehende oder notwendige

Änderungen. Manches Unglück lässt sich verhüten, wenn man rechtzeitig auf die Vorzeichen achtet. Starren Sie nicht wie ein Kaninchen gebannt auf den kommenden Schlangenbiss. Bauen Sie Intrigen vor und beteiligen Sie sich vor allem nicht selbst an irgendwelchen Intrigen, etwa in Ihrem Job. Wer andere mobbt, ist bekloppt!

Viele Veränderungen kommen überhaupt erst durch ein ›Unglück‹ in Gang: Not macht erfinderisch. Insofern steckt in jedem Unheil die Chance zur Weiterentwicklung. Die heilenden Energien der Schlange (Kundalini, Caduceus, Äskulapstab) helfen Ihnen bei der Ordnung des Chaos.

8 · Sarg · Karo 9

Mal üppig geschnitzt und dekoriert, mal schlicht und schmucklos (Lo Scarabeo), mit Tüchern drapiert auf dem Fußboden stehend oder mit Blumenschmuck und Kerzenleuchtern feierlich aufgebahrt: der Sarg, das Vehikel für die letzte Reise. Die Gestaltungsmöglichkeiten für dieses Erdmöbel sind durchaus vielfältig und spiegeln sich in den Abbildungen der Karten. Dass auch Särge, wenngleich in weitaus geringerem Maße als andere Gegenstände, gewissen Moden unterworfen sind, lässt sich ebenso an den Abbildungen ablesen.

Traditionelle Deutung

Schlüsselbegriffe: Das Ende, Tod, Umwandlung

... sehr nahe an der Person gelegen, bedeutet unfehlbar schwere Krankheit, Tod oder gänzlichen Verlust des Vermögens. Weiter von der Person entfernt, ist diese Karte weniger gefährlich.

In der klassischen divinatorischen Deutung wird der Sarg als Hinweis auf den physischen Tod des Fragenden, zumindest auf eine schwere Krankheit, gesehen. Das ist jedoch mit großer Vorsicht zu sehen. Diese Karte steht sicher für das Ende von etwas, im übertragenen Sinne für dessen ›Tod‹. Es geht um das Abschiednehmen von etwas, um Verlust, das Ende einer Liebesbeziehung o.ä. und auch um damit verbundenen Kummer. Aber es kann auch das Ende einer unangenehmen Phase oder die Beendigung einer Unglücksphase angezeigt werden, je nach Umgebungskarten.

Umgebungskarten und ihr Einfluss

Je näher der Sarg an der Signifikatorkarte liegt, desto eindringlicher die Warnung. In Kombination mit den Karten 11 *Rute* und 14 *Fuchs* sind Betrug, Zwietracht und List im Spiel, so dass der Fragende den aktuellen Umständen nicht mehr gewachsen ist. Er befindet sich in einer wirklich bedrohlichen Situation.

Liegt jedoch die Karte 20 *Garten*, welche Kreativität und positive Erneuerung bedeutet, in der Nähe des Sarges, dann wird der Fragende die Probleme in den Griff bekommen.

Liegt die Karte 1 *Reiter* in der Nähe des *Sargs*, dann geht es um eine schlechte Nachricht. In der Nähe der Karte 5 B*aum* ist der *Sarg* ein Hinweis, auf die Gesundheit zu achten. In Kombination mit Karte 24 *Herz* und/oder 26 *Ring* droht das Ende einer Beziehung, einer Ehe oder einer geschäftlichen Verbindung. Die Karte 34 *Fische* in unmittelbarer Umgebung deutet auf einen finanziellen Verlust hin. Neben Karte 35 *Anker* zeigt die Karte den Verlust der ›Verankerung‹ an, also drohen Unruhe und Labilität.

Symbolgehalt / Moderne Deutung

Ein Sarg ist zunächst einmal ein geschlossenes Behältnis, in dem eine Leiche zur letzten Ruhe gebettet und beerdigt wird. Als Symbol steht der Sarg so für den Tod und die Rückkehr in

Carta Mundi

Piatnik

Lo Scarabeo

ASS

den Mutterschoß der Erde. ›Asche zu Asche, Staub zu Staub.‹ Er steht damit auch für Passivität, manchmal auch für Einengung und Eingesperrtsein (im übertragenen Sinne ›lebendig begraben‹). Nach dem Begräbnis eines Verwandten steht die Regelung seiner Hinterlassenschaft an, sei es nun eine reiche Erbschaft oder eine kostenintensive Entrümpelung. Insofern steht der Sarg auch als Aufforderung, sich einer solche Hinterlassenschaft, einer Aufgabe anzunehmen, die abzuwickeln bzw. zu lösen jetzt notwendig ist. So hart es klingt, ein Sarg dient natürlich auch der pietätvollen ›Entsorgung‹ dessen, der da drin liegt. Die Karte ist so gesehen eine Aufforderung, seine ›Leichen im Keller‹ zu entsorgen, sich also von Altlasten zu befreien, sei es durch ein aufarbeitendes, klärendes Gespräch, sei es durch einen endgültigen Schlussstrich.

Anregung

Betrachten Sie den Sarg weniger als schockierende Ankündigung eines bevorstehenden Todes, sondern vielmehr als Memento mori: Denken Sie daran, wie schnell alles zu Ende sein kann. Prüfen Sie, wie weit Sie mit Ihren Aufgaben und Plänen â jour sind. Als Tageskarte fordert diese Karte Sie auf, die Dinge nicht vor sich her zu schieben. Lösen Sie Probleme und Schwierigkeiten, wenn sie auftauchen. Je größer der Haufen der unerledigten Dinge wird, desto mehr engt er Sie ein. Beenden Sie aktiv Prozesse, die Sie belasten und behindern. Jedem Ende folgt ein Neuanfang.

9 · *Blumenstrauß* · *Pik Dame*

Die Karte 9 zeigt in allen Decks einen bunten Sommerblumenstrauß (Margeriten, Mohn, Rosen, Glockenblumen etc.), der liebevoll mit einem roten oder blauen Band gebunden ist. Hier fällt einzig die Lo-Scarabeo-Variante aus dem Rahmen, auf welcher die Blumen in einer Vase arrangiert sind. Dominierend sind die Farben rot, weiß und blau, bei manchen Decks auch gelb.

Traditionelle Deutung

Schlüsselbegriffe: Glück, Zufriedenheit

... viel Glück in jeder Beziehung.

In der klassisch-divinatorischen Deutung ein starker Glücksbote, eine rundweg positive Karte, die andere positive Karten verstärkt und negative Karten abschwächt. Glück in jeder Hinsicht und Zufriedenheit.

Umgebungskarten und ihr Einfluss

Sofern diese Karte nicht von negativen Karten umringt ist, bedeutet sie vollständiges Glück in der Liebe, aber auch in geschäftlichen Angelegenheiten. Das Alltagsleben wird ganz nach Wunsch verlaufen. Glück bringende Botschaft im Hinblick auf Freundschaft und Liebe. Liegt die Karte links von der Signifikatorkarte, so sind die Grundlagen für dieses Glück bereits gelegt. Wichtig sind jedoch die anderen umgebenden Karten für die Interpretation. Positive Umgebungskarten werden durch die Karte 9 verstärkt, negative abgeschwächt. Neben der Karte 1 *Reiter* verweisen die Blumen auf eine freudige Neuigkeit. In Kombination mit Karte 13 *Kind* steht Nachwuchs ins Haus. Die Karte 34 *Fische* neben den Blumen deutet auf materielle Geschenke hin. Karte 21 *Berg* in der Umgebung warnt vor falschen Freunden, die sich mit ›Blumen‹ Ihrer Gunst versichern wollen.

Symbolgehalt / Moderne Deutung

Blumensträuße werden zu vielen Gelegenheiten überreicht. Als Gastgeschenk, zur Unterstreichung einer Gratulation (bei

Carta Mundi

Piatnik

Lo Scarabeo

ASS

Geburtstagen ebenso wie bei Wahlen, Preisverleihungen, Geschäftsabschlüssen), als Mitbringsel zum Trost und zur Erheiterung von Kranken, als Abschiedsgruß bei Kondolenzbesuchen. Mit Blumen werden immer Gefühle ausgedrückt: Dankbarkeit, Freude, Trost, Beileid. Ein Blumenstrauß steht für die beiden scheinbaren Gegensätze Hoffnung und Abschied. Beides hängt aber eng zusammen. So schnell Blumen auch vergehen, so sicher wachsen sie auch wieder nach und erblühen wieder neu. Blumen sind ein traditionelles Symbol für Gefühle, für Schönheit und Vergänglichkeit, für die Ewigkeit des Augenblicks.

Der Blumenstrauß, die Verbindung vieler, oft verschiedener und verschiedenfarbiger Blumen, gilt als Symbol der Einheit in der Vielheit. Im Biedermeier, der Zeit zwischen 1815 und 1848, entstand eine ausgeklügelte Blumensprache, ein Blumencode, bei der den einzelnen Blumen bestimmte Bedeutungen zugesprochen wurden. Mit Hilfe eines entsprechend zusammengestellten Blumenstraußes konnten so komplexe Botschaften *durch die Blume* übermittelt werden. Berühmt sind hier die sprechenden Blumenbilder des französischen Künstlers Ignace Isidore Gerard, besser bekannt als Grandville, dessen Blumengrafiken in einer der Lenormand-Varianten explizit Verwendung fanden, den so genannten Blumen-Lenormand-Karten (s. Anhang).

Das Band, mit dem der Strauß gebunden ist, steht entweder für eine freiwillig eingegangene Bindung oder die Macht bzw. Fähigkeit, selbst zu binden oder zu lösen (siehe dazu auch Karte 33 *Schlüssel*).

Die Vase in der Lo-Scarabeo-Variante ist nach Freud ein weibliches Symbol und steht als Traumsymbol für die fordernde Seite der weiblichen Sexualität.

Insbesondere gepflückte Blumen (oder wie hier geschnittene Blumen) gelten als Symbol der sexuellen Erfahrung

(›deflorare‹ – *Blumen brechen* bedeutete im Mittelalter Sexualverkehr). Auf diese sexuelle Komponente verweisen z.B. rote Rosen. Blaue Blumen verweisen auf die Kraft der Seele und des Gefühls. Weiße Blumen bedeuten Unschuld.

Anregung

Was rät der Blumenstrauß als Tageskarte? Nehmen Sie die Situation so, wie sie kommt. Es gibt immer mehrere Wege, ans Ziel zu gelangen. Genießen Sie Ihr Glück jetzt. Versuchen Sie, die vielen Möglichkeiten, die sich Ihnen zeigen, zu erfassen und mit dem Band Ihrer individuellen Energie zu einem harmonischen Ganzen zu verbinden.

10 · Sense · Karo Bube

Abgebildet ist auf allen Varianten eine Sense, die gegen aufgestapelte Garben (meist zwei) gelehnt ist. Die Sense (bzw. der Schnitter) hat also seine Arbeit erledigt, es ist geschnitten und gebündelt, die Ernte ist fast vollzogen. Das Getreide muss nur noch in die Scheune transportiert und so in Sicherheit gebracht werden.

Traditionelle Deutung

Schlüsselbegriffe: Einschneidende Veränderung, Bruch

... Bote einer großen Gefahr, welcher aber entgangen werden kann, wenn gute Karten sie umgeben.

Es droht Gefahr! Die Karte warnt vor einem Bruch, zwischen zwei Liebenden etwa oder zwischen Geschäftspartner. In anderer Sicht gilt die Karte aber auch als Künderin von materiellem Wohlstand. Die Ernte ist eingebracht und nun bereichert der Erlös die eigene Kasse.

Umgebungskarten und ihr Einfluss

Gerade bei dieser Karte muss man sehr genau auf die Umgebungskarten achten, die durchaus auf drohende Unfälle im Straßenverkehr oder auf andere Schwierigkeiten hinweisen können, wenn etwa die Karte 3 *Schiff* oder 35 *Anker* bzw. 4 *Haus* in der Nähe liegen, was allgemeine Unsicherheit bzw. Kündigung des Miet- oder Arbeitsvertrages bedeuten kann.

Liegen positive Karten in der Nähe, werden die drohenden Probleme oder Gefahren zu einer guten Lösung kommen. Aktuelle Krankheiten, vorhandene Beziehungs- oder Geldprobleme können jetzt zu einem schnellen Ende kommen.

Symbolgehalt / Moderne Deutung

Die Sense ist ein uraltes, heute kaum mehr gebräuchliches bäuerliches Erntegerät, das in früheren Zeiten ebenso untrennbar zur Landwirtschaft gehörte, wie heute der Traktor. *Jetzt ist aber Sense!* sagt man, wenn man von etwas genug hat, wenn eine Situation oder ein Zustand beendet werden soll. Die Sense (bzw. ihr wesentlich älterer Vorläufer, die Sichel) ist ein altes Symbol für die unerbittlich ablaufenden Lebensperioden. Mit einer Sense schneidet der Sensemann, der Tod, den Lebensfaden durch und beendet so das irdische Dasein. Die Sense ist damit auch ein Todessymbol. Daraus jedoch gleich ein Zeichen für Unfälle im Straßenverkehr abzuleiten, ist nicht gerade nahe liegend.

Vor allem ist die Sense ein Erntegerät, d. h. ein Werkzeug, die Früchte seiner Arbeit zu ernten, was gewöhnlich am Ende einer Wachstums- und Reifungsperiode geschieht. In der Sense zeigt sich die Kraft für einschneidende Veränderungen.

Anregung

Wenn Sense ist, dann ist noch lange nicht der Bart ab, will sagen: Ohne die Beendigung einer Sache kann keine neue ent-

Carta Mundi

Piatnik

Lo Scarabeo

ASS

stehen. Brot kann erst gebacken werden, wenn das Getreide gemäht wurde. Was für den einen eine Gefahr, ist für den anderen eine Chance.

Als Tageskarte sagt die Sense: Halten Sie die Augen offen. Nehmen Sie Chancen wahr, aber auch Gefahren. Trennungen und Brüche gehören zum Leben. Akzeptieren Sie dies. Womöglich sind Sie aber auch nicht das Opfer der Sense, sondern der Nutzer, der Schnitter. Sie führen das Erntewerkzeug und setzen die einschneidenden Veränderung um. Was wollen Sie ernten? Ist jetzt die Zeit dazu da? Prüfen Sie das!

11 · Rute · Kreuz Bube

Abgebildet wird in der Regel ein zur Rute gewundenes Reisigbüschel, wobei die Bänder über Kreuz gelegt sind, sowie eine ›mehrschwänzige Katze‹, ein uraltes Geißelungsinstrument. Auf der Piatnik- und der Lo-Scarabeo-Karte liegen die beiden Gegenstände über Kreuz. Hier ist die Geißel jeweils eine siebenschwänzige Katze. Auf der Carta-Mundi-Karte liegen sie nebeneinander, wobei nur die Peitschenriemen die eher an eine Ähre oder einen Besen erinnernde Rute kreuzen. Interessant ist die ASS-Variante, auf der die beiden ›Schlagwerkzeuge‹ in einem (Keller-) Gewölbe auf einer (Folter-) Bank liegen. Ein in die Wand eingelassener Eisenring signalisiert Ankettung, also Gefangenschaft und Kerker.

Traditionelle Deutung

Schlüsselbegriffe: Diskussionen, Streit, Kampf

… bedeutet Zwist in der Familie, häusliche Sorgen, Unfriede in der Ehe, Fieber, lange Krankheit.

Zwist und Zwietracht stehen ins Haus, möglicherweise ein Familienstreit. Worum es dabei geht, zeigen die umgebenden

Karten. Diese Karte zeigt auch (chronische) Krankheit und Fieber an. Möglicherweise droht auch ein Rechtsstreit. Es kann sich aber auch um unvorhergesehene Ereignisse positiver Natur drehen.

Umgebungskarten und ihr Einfluss

In der Nähe der Signifikatorkarte kann die Rute ein Vorzeichen für eine unglückliche Liebesbeziehung oder eine zum Scheitern verurteilte Ehe sein. In Kombination mit Karte 3 *Schiff* oder Karte 27 *Brief* dreht sich der Familienzwist womöglich um eine Hinterlassenschaft oder ein Erbe. Liegt die Karte 15 *Bär* in der Nähe, spielt unerwartete Eifersucht eine Rolle, die rasch bis zur Beendigung der Beziehung führen kann.

Symbolgehalt / Moderne Deutung

Das Wort Rute geht zurück auf das althochdeutsche *ruota*, was *Pfahl, Schandpfahl, Kreuz* bedeutete. Etwas später, im Mittelhochdeutschen, wandelt sich das Wort zu *ruote* und bedeutet *Gerte, Zuchtrute, Stange, Ruder* und auch *Zauberstab*. Dass mit diesem Zauberstab in einer späteren Phase des Mittelhochdeutschen, umgangssprachlich auch heute noch, das männliche Geschlechtsteil bezeichnet wird, liegt durchaus nahe. Seit dem 17. Jahrhundert bezeichnet die Rute auch den Schwanz von Hund, Fuchs, Wolf, Marder u.a., also von Raubtieren.

Die Rute ist seit jeher mit negativen, strafenden Aspekten verbunden. Sie ist vielleicht manchem als Strafinstrument, im wahrsten Sinne des Wortes eingebläut, im Gedächtnis. Selbst wenn die Prügelstrafe heute längst nicht mehr angewandt wird, so hat doch jedes Kind Angst vorm Knecht Ruprecht mit der Rute, der als Begleiter des Heiligen Nikolaus (bzw. des Weihnachtsmanns je nach Region) der Vollstrecker von Stra-

Carta Mundi

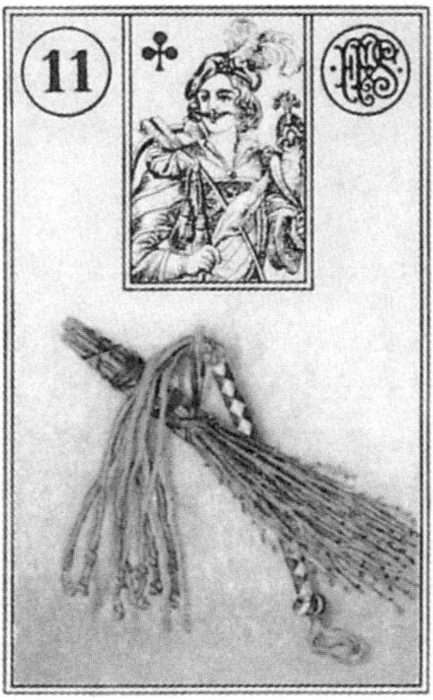

Piatnik

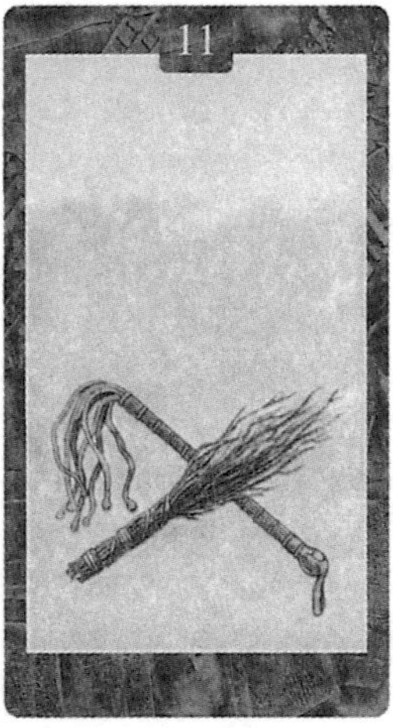

Lo Scarabeo

ASS

fen für ungebührliches Benehmen ist. Im alten Rom galten die Rute, genauer Rutenbündel, die so genannten *fasces*, als Machtsymbole der staatlichen Gewalt, welche hohen Beamten von den Liktoren vorangetragen wurden.

Die Geißelung mit Ruten war damals eine gängige Strafe und wurde u.a. auch an Christus vollzogen. Als Leidenswerkzeug ist die Rute, neben Kreuz, Dornenkrone, Lanze, Stab mit Essigschwamm, Nägel etc., daher ein christliches Symbol für die Passion Christi.

Jemand, der mit eiserner Rute herrscht, ist ein strenger, diktatorischer Chef. Er *gibt anderen die Rute*, d. h. treibt sie brutal durch tatsächliche oder im übertragenen Sinne durch psychische Schläge an. *Und wer sich selbst eine Rute aufbindet*, hat ebenfalls kaum Freude, verpflichtet er sich doch zu etwas Unangenehmem.

Stange, Ruder (also Gegenstände, die ein Boot vorantreiben), Zauberstab und in gewisser Weise auch das Penissynonym Rute stehen aber auch für Vorankommen und Veränderung, sich vorwagen in Unbekanntes, vielleicht Verbotenes (wofür unter Umständen dann die Rutenstrafe auf den Fuß folgt), für Umwandlung und ›Verzauberung‹.

Noch etwas Positives hat aber auch die Rute. Sie ist nämlich auch ein altes Längenmaß, das mit regionalen Unterschieden einer metrischen Länge zwischen 2,8 und 5 m entsprach. Die alte biblische *Rute* maß 3,3 m.

Anregung

Werten Sie die Rute als förderliche ›Drohung‹. Womöglich steht tatsächlich die (unangenehme) Klärung einer familiären oder persönlichen Situation an, was durchaus eine Strafe sein kann. Doch da muss man durch. Mit wem Sie auch über Kreuz liegen, langes Hinauszögern hilft da wenig, peitschen Sie die Sache durch, klären Sie, was zu klären ist, und bringen Sie so Ihr Boot voran. Die Rute treibt Sie symbolisch dazu an. Besinnen Sie sich auf Ihre eigene Kraft, auf den Zauber Ihrer Individualität, dann überstehen Sie auch Unangenehmes. Suchen Sie Wege, sich aus der Sie einkerkernden Situation zu befreien. Wandeln Sie aufgestaute Aggressionen um in kreative Aktionen und heben Sie die Aggressionen damit auf. So erwächst aus destruktivem Potential eine aufbauende Kraft.

12 · Vögel · Karo 7

Auf allen Karten finden sich jeweils zwei bis drei Vögel, deren Art zumeist nicht genau bestimmbar ist. Auf der Carta-Mundi-Karte scheint es ein Taubenpaar zu sein, die Vögel auf der ASS-Variante sind vermutlich Haussperlinge, wobei der mittlere Vogel ein bereits flügge gewordenes Jungtier zu sein scheint, das in der für Spatzen typischen Bettelhaltung mit zu Boden ausgebreiteten Flügeln vor dem hokkenden Elterntier hockt, während der andere Elternvogel bereits Nistmaterial für die Ausbesserung des Nestes herbeischafft. Während auf fast allen Kartenvarianten die Vögel sitzen, entweder auf dem Nest oder auf einem Ast, befinden sich die Vögel der Piatnik-Karte im freien Fluge über einer Gebirgslandschaft mit See. Sie befinden sich sozusagen im Vorbeiflug.

Traditionelle Deutung

Schlüsselbegriffe: Aufbruch, Aufregungen, Mühseligkeit, Gedanken

... bedeuten Mühseligkeit, die man zu überstehen hat, die aber von kurzer Dauer sind. Entfernt von der Person: Vorbedeutung einer glücklichen Reise.

Diese Karte verweist auf eine tolle Reise oder auf sehr gute Nachrichten. Es können aber auch kurzzeitige Schwierigkeiten und Unannehmlichkeiten bevorstehen bzw. die Konfrontation mit einem zu lösenden Problem. Die *Vögel* stehen aber auch für Heiterkeit, Fröhlichkeit und Leichtigkeit.

So heiter und unbeschwert die Vögel auch durch die Lüfte flattern, sie sind jederzeit von ihren Feinden bedroht. Eine Unachtsamkeit und die Fröhlichkeit ist dahin. Und ebenso plötzlich kann aus Angst und Trübsinn Fröhlichkeit erwachsen.

Ihre weiten Reisen führen insbesondere die Zugvögel um die halbe Welt. Im Winter sind sie im Süden zu Hause, im Sommer im Norden: Pendler zwischen den Welten. Dieser Zug vom Winter- ins Sommerquartier ist eine alljährliche Veränderung, die für jeden Vogel mit Aufregung und unkalkulierbaren Hindernissen verbunden ist. Doch sind diese erst überwunden …

Umgebungskarten und ihr Einfluss

Wenn die Karte weit von der Signifikatorkarte entfernt liegt, kündigt sie eine Reise an.

Liegt die Karte 16 *Stern* in der Nähe, dann wird die Reise ein unvergessliches Erlebnis werden. Ist dagegen die Karte 6 *Wolken* in der Nähe, so wird die Reise einige Hindernisse und Enttäuschungen für Sie bereithalten, so dass sie Ihnen in negativer Sicht unvergesslich bleibt. Vorübergehend wird es zu Schwierigkeiten kommen.

Karte 22 *Wege* in der Nähe deutet auf einen Ausweg bzw. eine Lösung für Ihre Probleme hin.

In Kombination mit Karte 23 *Mäuse* sollten Sie sich speziell bei dieser Reise vor Taschendieben oder dem Verlust wertvoller Gegenstände vorsehen. Die Umgebungskarten verweisen wieder genauer auf die anstehenden Probleme.

Symbolgehalt / Moderne Deutung

Auch in der Symbolik steht der Vogel für Frohsinn, Leichtigkeit und Beweglichkeit, zudem bedeutet er Freiheit. Vögel reisen weit und sind sehr beweglich. Daher zielen sie symbolisch auf die Themen Unabhängigkeit und Mut. Wer aber *einen Vogel hat*, dem ist die Unabhängigkeit womöglich zu Kopfe gestiegen und er ist abgehoben. Wer aber zu sehr abhob, der konnte im Mittelalter schnell vogelfrei werden, d. h. ohne jeglichen Rechtsschutz dastehen und ungestraft von jedermann getötet werden.

Vögel verbinden auf Grund ihres Fluges Himmel und Erde, die Götter und die Menschen. Insbesondere Vögel wie die Eule (auf den beiden Lenormand-Varianten des Urania Verlages abgebildet) oder die Taube stehen für geistige Inhalte: die Eule für Weisheit, aber auch als Symbol des hinterrücks lauernden Bösen und der Ketzerei (in dieser mittelalterlichen Deutung etwa auf den Bildern von Pieter Bruegel verwendet), die Taube als Botin des Friedens einerseits, als graue »Ratte der Lüfte« ist sie aber andererseits als Krankheitsüberträgerin auch negativ belastet. In der christlichen Ikonografie steht der Vogel für das Immaterielle, speziell für die gerettete Seele. Im Taoismus sieht man die Unsterblichen als Vögel. Die in vielen Religionen vorhandenen geflügelten Himmelswesen (Engel) stehen in diesem Zusammenhang.

Eine der ganz frühen und wichtigen Orakelformen war die Deutung des Vogelfluges, die Auspizien, welche von speziellen Gelehrten, den Auguren, vollzogen wurde. Die Vögel als Mittler zwischen den Göttern und den Menschen brachten auf diese Weise die göttlichen Botschaften zur Erde. Diese Botenrolle übernehmen Vögel auch in vielen Märchen und Liedern. Die Redewendung *dies hat mir ein Vöglein gesungen* als Ausdruck für eine im Vertrauen erhaltene Nachricht leitet sich davon her.

Carta Mundi

Piatnik

Lo Scarabeo

ASS

In der psychoanalytischen Traumdeutung wiederum symbolisiert der Vogel die Person des Träumenden.

In der modernen Verwendung werden Vögel auch mit Sexualität in Verbindung gebracht (*vögeln* für Geschlechtsverkehr haben). *Wer dazu einen Vogel hat*, der *tickt nicht ganz richtig*, ist also mehr oder minder verrückt.

Einen bedrohlichen Aspekt nehmen die sonst so heiteren Vögel im Hitchcock-Film »Die Vögel« ein, wo sie aus unerfindlichen Gründen aggressiv gegen Menschen reagieren. Niedliche, harmlose Tiere, die symbolisch für Leichtigkeit, Unbeschwertheit und Fröhlichkeit stehen, werden urplötzlich zur Bedrohung: Sinnbild für die Allgegenwart des Unerwarteten.

Anregung

Wahrscheinlich schießen Sie ja genau mit Ihrer Art der Herangehensweise an anstehende Probleme den Vogel ab, sprich, Sie haben großen Erfolg damit. Dann heißt es nicht mehr, friss, Vogel, oder stirb, sondern frei wie ein Vogel sein, also tun, was Sie für richtig halten, ohne dabei gleich vogelfrei zu werden. Als Tageskarte rät diese Karte, mit offenen Augen und wachsam durchs Leben zu gehen, aber auch mit Beschwingtheit und Frohsinn. Denken Sie zunächst gründlich nach, bevor Sie handeln. Lösen Sie sich von den eingefahrenen Denkmustern. Es schadet auch nicht, ab und zu einmal etwas abzuheben, denn nur wer sich über die Dinge erhebt, kann Sie überblicken.

13 · Kind · Pik Bube

Dargestellt wird auf nahezu allen Varianten ein kleines Mädchen. Lediglich die Spielutensilien auf der ASS-Variante deuten auf einen kleinen Jungen, der aber vom Gesicht her genauso gut ein Mädchen sein könnte. Ein wesentliches

Motiv ist auf allen Karten das Spiel. Seilspringen (Carta Mundi), Reifenrollen (Piatnik), Peitschenkreisel drehen und Ball spielen (ASS) und das Spiel mit einer Puppe: Alle Kinder spielen mehr oder minder vertieft.

Traditionelle Deutung

Schlüsselbegriffe: Erneuerung, Vertrauen, Hoffnung

... ist ein Zeichen, dass man nur guten Umgang pflegt und gegen jeden voller Güte ist.

Schöne Erlebnisse mit vielen Menschen, man befindet sich in guter Gesellschaft. Die Karte kann auch für Trost im Alter durch (Enkel-)Kinder bzw. Ermutigung in und Linderung von schwierigen Umständen bedeuten und somit auch für Hoffnung stehen.

Umgebungskarten und ihr Einfluss

Wenn die Karte 17 *Storch* und diese Karte in der Nähe der Signifikatorkarte liegt, kündigt diese Kombination eine Geburt an. Als Ankündiger einer Erneuerung lässt sich die Karte in der unmittelbaren Nähe der Signifikatorkarten deuten, wobei die weiteren Umgebungskarten definieren, worin die Erneuerung bestehen wird.

Symbolgehalt / Moderne Deutung

In der allgemeinen Symbolik steht das Kind zunächst für Unbekümmertheit, Unbefangenheit, Unschuld und Wahrheit. *So ihr nicht werdet wie die Kinder* (Mt 18, 3), steht es schon in der Bibel und *lasset die Kindlein zu mir kommen, denn ihrer ist das Himmelreich* (Mt 19, 14). Diese paradiesische Unschuld wird in der späteren christlichen Kunst in kindliche Engeldarstellungen (Putten) interpretiert, die ihrerseits aber auf Vorbilder der Spätantike zurückgehen. Der Wahrheits-

Carta Mundi

Piatnik

Lo Scarabeo

ASS

aspekt lässt sich etwa in der Redewendung *Kinder und Narren sprechen die Wahrheit* wieder finden.

Das Kind ist auch ein positives Symbol für den Beginn und die Fülle der Möglichkeiten (*etwas steckt noch in den Kinderschuhen*, kann und wird also noch seinen Weg machen). Mit dem Kind in der Krippe beginnt dann bekanntlich auch die Erfolgsgeschichte des Christentums. All dies hat auch viel mit Hoffnung zu tun. Dieser Aspekt des Symbols Kind steckt etwa in der Redewendung *guter Hoffnung sein* als Synonym für schwanger sein. Die auf den Karten abgebildeten Kinder sind keine Kleinkinder mehr, vielmehr haben sie bereits ein Stückchen Welt spielend erobert. Wahrscheinlich sind sie bereits in der Schule bzw. stehen kurz davor, d. h. sie lernen gerade auch das kennen, was wir gerne den Ernst des Lebens nennen. Jetzt müssen sie lernen, ihre Kreativität zu begreifen, zu zähmen und zielorientiert einzusetzen.

In der psychoanalytischen Traumdeutung kann das Kind als Hinweis auf Unreife und fehlende Vollendung gewertet werden, aber auch als Symbol für Zuwachs, Produktivität und Neuanfang stehen. Ein Traumkind zeigt die Wesensteile, die erwachsen werden sollen bzw. nicht wollen. Wenn das geträumte Kind auch noch krank ist, dann deutet dies auf seelische Störungen hin. Als Hinweis auf die Lebenskraft und Daseinsfreude gilt das gesunde Kind. Bei C. G. Jung steht das Kind symbolisch für das Selbst und für die spontanen, emotionalen und spirituellen Anteile der menschlichen Persönlichkeit, auch als *Inneres Kind* bezeichnet.

Anregung

So viele Chancen, so viele Möglichkeiten: Verschließen Sie sich nicht, carpe diem. Etwas in Ihrer Umgebung oder in Ihnen (Ihr Inneres Kind) braucht mehr Aufmerksamkeit. Geben Sie Ihren Wünschen, Ihren Gefühlen und Ihren spiri-

tuellen Bedürfnissen die Chance und den Freiraum, sich zu entwickeln. Versuchen Sie, unbeschwert auf Dinge und Personen zuzugehen. Gehen Sie bei aller Vorsicht vertrauensvoll an die Zukunft heran und tun Sie es jetzt. Die Zukunft beginnt heute!

14 · Fuchs · Kreuz 9

Fuchs, du hast die Gans gestohlen … nicht nur im Kinderlied ist der Fuchs hinter dem Federvieh her, sei es nun die besungene Gans, wie auf der Carta-Mundi-Karte, oder ein Huhn, wie auf dem Bild der ASS-Variante bzw. der Lo-Scarabeo-Karte. Noch beutelos schleicht Meister Reineke auf der Piatnik-Variante im hohen Schnee durch den mondbeleuchteten Winterwald. Die Nähe zum Menschen dokumentieren die Gehöfte auf den Karten von Lo Scarabeo und ASS, während auf der Carta-Mundi-Karte nur die weiße Gans auf die Nähe eines Bauernhofes schließen lässt.

Traditionelle Deutung

Schlüsselbegriffe: Betrug, Neider, Wachsamkeit, Schläue

… in der Nähe, erfordert Vorsicht im Umgang mit den Personen, mit welchen man in Verbindung steht, weil einige unter ihnen uns zu hintergehen suchen; im anderen Falle ist keine Gefahr vorhanden.

Der Fuchs steht seit Jahrhunderten für Schlauheit und Gewieftheit, aber auch für Hinterlist, also negativ gezielte Schlauheit. Die Karte ist insbesondere dann eine Warnung, wenn man etwas Neues vorhat. Betrachten Sie sich genau, mit wem Sie sich da einlassen. Seien Sie nicht zu vertrauensselig und achten Sie auf Doppeldeutigkeiten. Sie müssen selbst sehr raffiniert vorangehen, um Vorhaben durchzusetzen.

Umgebungskarten und ihr Einfluss

Wenn die Karte 14 nahe der Signifikatorkarte liegt, dann sollte man Freunde oder Informationen noch einmal genau unter die Lupe nehmen. Manchmal sind solche Freunde ehrlich und aufrecht, solange es einem nicht so gut oder gewöhnlich gut geht. Geht es einem aber dann auf Grund einer Glückssträhne (etwa durch einen Geldgewinn oder eine Erbschaft) besser als diesen Freunden, dann werden sie plötzlich neidisch und eifersüchtig.

In der Nähe der Karte 19 *Turm* drohen juristische Probleme. In Kombination mit der Karte 22 *Berge* haben Sie es mit starken Gegenspielern zu tun. Mit Karte 22 *Wege* sollten Sie all Ihre Schlauheit aufwenden, um einen Ausweg zu finden. In Kombination mit der Karte 24 *Herz* sollten Sie die Aufrichtigkeit Ihrer bzw. der Ihnen entgegen gebrachten Gefühle ausloten.

Symbolgehalt / Moderne Deutung

In den europäischen Kulturen gilt der Fuchs allgemein als das Symbol für Klugheit, List und Tücke, wobei die Bewertung zwischen Bewunderung (*schlau wie ein Fuchs*) und Abscheu (Fuchs als Dieb; *stinken wie ein nasser Fuchs*) schwankt. In der mittelalterlichen Ikonografie taucht der Fuchs als Teufelssymbol auf, verbunden mit Lüge, Verrat, Habsucht, Maßlosigkeit und Wollust. Auch in einigen außereuropäischen Indianerkulturen steht der Fuchs in dieser Symbolik. Der *Physiologus*[24] spricht vom Fuchs als einem ganz und gar arglistigen und tückischen Wesen, welches mit durchtriebenen Schlichen für sich und seine Jungen Beute macht. Er lege sich röchelnd und die Augen verdrehend in die Spreu und warte auf die Vögel, die den vermeintlich Verendeten auffressen wollen. Dann springe der Fuchs auf und fresse nun seinerseits die überlisteten Vögel. Er vergleicht den Fuchs mit dem Teufel und bringt

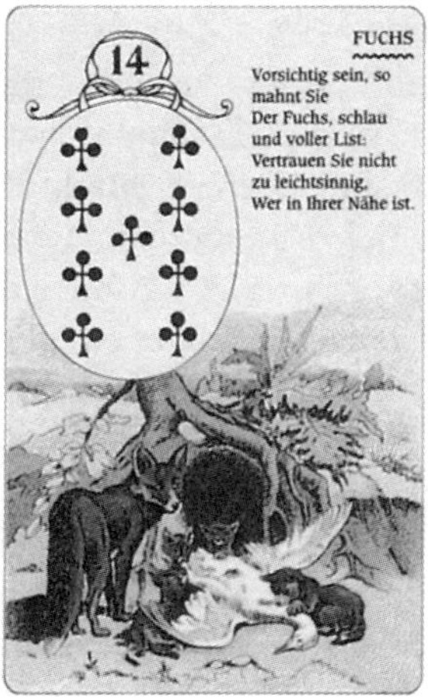

Carta Mundi

Piatnik

Lo Scarabeo

ASS

Unzucht, Wollust, Hurerei und Habsucht mit ins Spiel. In der Volkstradition macht seine feuerrote Fellfarbe den Fuchs ebenso wie andere rotbefellte Tiere, etwa Eichhörnchen oder Luchs, zu einem Satanstier. Zugleich gilt er als besonders wollüstiges Tier. Ein Fuchsschwanz am Arm oder am Hut getragen (heute eher an den Antennen gewisser Automobile) gilt als Signal (männlicher) sexueller Potenz.

Der niederdeutsche *Reynke de Voss*[25] greift verschiedene Elemente der Fuchsmythologie auf, etwa den im Mönchsgewand den Hühnern predigenden Fuchs als Inbegriff der teuflischen Falschheit. In seinem hochdeutschen Hexameterepos *Reineke Fuchs* adaptiert Goethe die niederdeutsche Vorlage und verhilft so dem Bild des Fuchses als raffiniertem Lügner zu hochliterarischem Status. In den europäischen Fabeln von La Fontaine und anderen taucht der Fuchs als Warnung vor listigen Schmeichlern auf (etwa in *Der Fuchs und der Rabe*).

In japanischen und chinesischen Mythen gilt der Fuchs als weiser, zauberkundiger Dämon, der in der Lage ist, seine Gestalt in die eines Menschen zu verwandeln.

In der Traumsymbolik steht der Fuchs für die Klugheit unserer Instinkte, aber auch für Berechnung, List, Schläue und Geschicklichkeit. Ist er im Traum tollwütig, dann geht es um unkontrollierbare Instinkte.

Sehr positiv besetzt, weil er dem Königssohn immer wieder aus der Patsche hilft, in die der sich durch Ungeschick immer wieder bringt, ist der Fuchs als guter Ratgeber und Führer durch das Gestrüpp möglicher Verstrickungen im Märchen ›Der goldene Vogel‹ der Gebrüder Grimm.

In unserer modernen Zeit ist der Fuchs geradezu zum Inbegriff einer auch für den Menschen gefährlichen, ja tödlichen Krankheit geworden: der Tollwut. Noch vor einigen Jahren wurden Füchse gnadenlos bejagt, ihre Baue ausgeräuchert oder begast. Der Fuchs galt als Hauptüberträger der Krankheit. Seit einiger Zeit ist man zur weitflächigen Impfung der Fuchspopulationen übergegangen und hat die Jagd wieder eingeschränkt. Dennoch schwingt die Tollwut gedanklich noch immer mit, wenn vom Fuchs die Rede ist.

Die Werbung nutzt vor allem die positive Assoziation der Schläue für ihre Zwecke und versucht Häuslebauern Bausparverträge oder waschaktiven Hausfrauen sparsame Waschmittel mit dem Fuchs als Werbefigur anzudienen. So wird man leicht zum Sparfuchs und mit etwas Glück auch zum ausgefuchsten Ratefuchs, wenn man es denn auf den Hocker des Quizkandidaten schafft.

Anregung

Seien Sie vorsichtig und schlau wie ein Fuchs und lassen Sie sich nicht von listigen Schmeichlern das Fell über die Ohren ziehen! Seien Sie vor allem Leuten gegenüber misstrauisch, die expressis verbis Ihr Vertrauen einfordern. Wenn Argumente nicht mehr zählen und nur noch die Vertrauensfrage zu helfen scheint, dann stimmt etwas nicht.

Dazu regt der Fuchs als Tageskarte an: Schlagen Sie eventuelle Gegenspieler mit ihren eigenen Waffen. Kämpfen Sie um Ihre Ziele wie eine Fähe um ihre Jungen. Seien Sie schlau und handeln Sie klug. Und wenn Sie auf ganz ehrlichem Wege nicht zum Ziel gelangen, hilft vielleicht eine kleine List. Sie müssen ja nicht gleich lügen und betrügen. Ein nicht gesagtes Wort an passender Stelle hilft manchmal mehr als eine eloquent vorgetragene Schwindelei. Schweigen ist Gold …

15 · Bär · Kreuz 10

Alle Karten zeigen braune Bären, also europäische Petze. Auf der Piatnik-Karte ist wieder Winter, während die anderen Bären ihr Fell durch grüne Hügel tragen dürfen.

Traditionelle Deutung

Schlüsselbegriffe: Kraft, Stärke, Macht, Glück

... bezeichnet Glück, zeigt aber auch zugleich an, dass man die Gesellschaft und vorzüglich das Gespräch mit seinen Neidern meiden muss.

Der Bär steht für Stärke und Glück, was viele Mitmenschen in Ihrer Umgebung missgünstig, neidisch und eifersüchtig macht. Hüten Sie sich davor, Menschen zu schnell Ihr Vertrauen zu schenken und zu viel aus Ihrem Privatbereich auszuplaudern.

Doch manchmal verfällt man auch selbst solcher Missgunst und versucht einen Keil zwischen einen Mann und eine Frau oder zwischen Geschäftspartner zu treiben. Doch reizen Sie den Bären nicht zu sehr, ein Schlag mit seiner Pranke und alles, was sich ihm in den Weg stellt, ist weggeschleudert.

Umgebungskarten und ihr Einfluss

Bei positiven Umgebungskarten ist die Kraft des Bären als Schutz und Hilfe zu verstehen.

In Kombination mit der Karte 16 *Sterne* steht eine Glückssträhne ins *Haus*. Die Karte 24 *Herz* in der Nähe des Bären weist auf eine starke Verbindung oder (Liebes-)Beziehung hin.

Symbolgehalt / Moderne Deutung

Die symbolische Spannbreite des Bären ist relativ begrenzt. In den Mythen der nordamerikanischen Indianer und der nordasiatischen Völker spielt er wegen seiner menschenähnlichen Gestalt eine gewisse Rolle als Totem- oder Krafttier.

In den abendländischen Hochkulturen kommt er nur am Rande vor. Die griechische Mythologie kennt die Geschichte von Kalisto, einer Dienerin der Jagdgöttin Artemis (die zuweilen mit einem Bären dargestellt wird), welche von Zeus geschwängert und deswegen von ihrer Herrin in eine Bärin verwandelt wird. Kalisto gebiert ihren Menschen-Sohn Arkas, der sich von der bärengestaltigen Mutter bedroht fühlt. Um einen Kampf zu vermeiden, werden beide an den Sternenhimmel versetzt (Großer und Kleiner Bär).

In der nordischen Mythologie begegnet uns Gott Odin zuweilen in Bärengestalt. Im Zusammenhang mit dem Jagdkult wurde seine besondere Stärke bewundert. Dieser Stärke wird noch heute indirekt gehuldigt, wenn viele Jungen in Skandinavien oder Norddeutschland den Vornamen Björn (= Bär) erhalten. Berühmt-berüchtigt sind die Berserker, die ihren Namen von ihrem Bärenfellhemd (ber-serkr = Bärenfellhemd) haben. Diese Gefolgsmänner Odins streckten in rasender Ekstase alles nieder, was sich ihnen in den Weg stellte.

In der christlichen Symbolik tritt der Bär eher als anekdotische Figur in Heiligenlegenden wie der des St. Gallus auf. Auch andere Heilige (Columbanus, Ursinus, Sergius u.a.) werden gelegentlich mit einem Bären abgebildet. Der biblische Kampf des jungen David gegen einen Bären wird als Prototyp des Kampfes und Sieges Christi gegen die Mächte der Finsternis gedeutet.

Die psychologische Symboldeutung interpretiert den Bären als Verkörperung gefährlicher Aspekte des Unterbewussten. Die moderne Traumdeutung sieht im Bären einerseits ein Symbol gewalttätiger Kräfte *(ein Mensch mit Bärenkräften)*, häufiger wird er jedoch wegen seines weichen, wärmenden Fells mit weiblichen, mütterlichen Aspekten in Verbindung gebracht. Die braune, erdige Fellfarbe verbindet ihn mit dem mütterlichen Aspekt des Elements Erde. Im Traum fordert ein Bär zu mütterlichem Handeln auf oder, je nach Kontext, auch zur Lösung von der Mutter.

Der Bär als stärkstes und damit königlichstes Tier des Nordens ist im Märchen ein Sinnbild für die Kraft und die Wildheit. Im russischen Märchen gilt der Bär als ritterlich, da

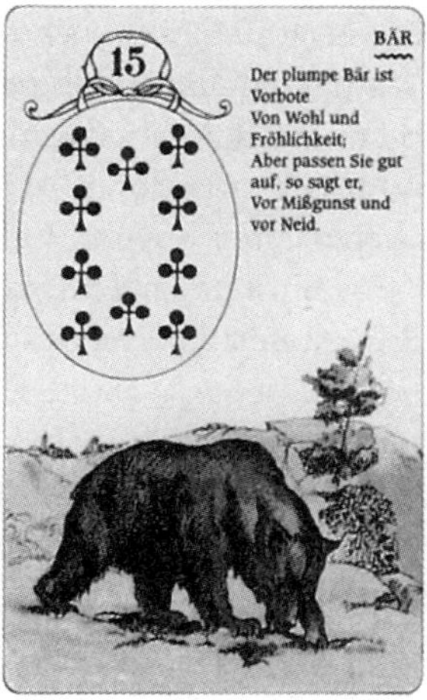

Carta Mundi

Piatnik

Lo Scarabeo

ASS

er die Schwachen (Pilzsammler, Kräuterfrauen etc.) schont, und wurde zum Symbol für die Großzügigkeit, Hilfsbereitschaft und die Güte des Starken gegenüber dem Schwachen.

Der Bär ist ein Einzelgänger. Wenn er mit anderen Bären zusammentrifft, kommt es nicht selten zum Kampf. Seine Stärke ist sprichwörtlich und ein ›Bärentöter‹ zu sein, war nicht nur in der Karl May'schen Wildwestwelt ein Zeichen für Mut und Tapferkeit.

Doch auch für Drolligkeit und Tollpatschigkeit steht der Bär. Ein *Kerl wie ein Bär* ist in manchen Gegenden sicher ein großer starker Mensch, in anderen Gegenden meint man damit aber eher einen rauen, plumpen, ungehobelten und linkischen Zeitgenossen, einen *ungeleckten Bären* eben, der meist dann auch noch ein *Brummbär*, d. h. mürrisch oder *bärbeißig* ist. Dahinter verbirgt sich die schon aus dem Altertum bekannte Auffassung, ein Bär werde als unförmiges Stück Fleisch geboren und erst durch das Lecken seiner Mutter zu seiner richtigen Gestalt geformt.

Anregung

Zeigen Sie jetzt den Mut, der in Ihnen steckt. Zeigen Sie in der anstehenden Angelegenheit Stärke und vertrauen Sie auf sich selbst und Ihre innere Kraft. Lassen Sie sich keinen Bären aufbinden und sich von anderen nicht zum Tanzbären machen. Nehmen Sie auf der anderen Seite auch die ungestümen, wilden, urkräftigen Aspekte Ihres Selbst bewusst wahr. Die Instinkte, die Triebe, auch die sexuellen Triebe, wollen gelenkt und gebändigt, zielgerichtet werden.

16 · Stern · Herz 6

Die Sterne sieht man nur nachts. Den funkelnden Sternenhimmel als Ganzes auch nur, wenn keine Wolken den Blick behindern. Folglich sind auf allen Karten klare, unbewölkte Sternenhimmel in dunklen Farben zu sehen, wobei einzig der Piatnik-Himmel relativ natürlich wirkt. Alle anderen Stern-Karten wirken eher stilisiert, zumindest was, den kosmischen Teil angeht. Die ASS-Variante zeigt die Sterne ohne jegliche irdische Unterfütterung, hier schweift das Auge in die Unendlichkeit …

Traditionelle Deutung
Schlüsselbegriffe: Gelingen, Klarheit

… bedeutet Glück in allen Unternehmungen; ist er aber von Wolken umgeben, so bedeutet er eine lange Reihe von unglücklichen Zufällen.

Gute Geschäfte und Erfolg bei der Umsetzung von Erwartungen und Wünschen. Sie sind in der Lage, die Sterne vom Himmel zu holen. Doch Vorsicht, wenn Sie beim Sternenpflücken den Boden unter den Füßen verlieren. Bleiben Sie lieber auf dem Teppich. Seien Sie dankbar, wenn sich Tagträume tatsächlich realisieren.

Umgebungskarten und ihr Einfluss

Wolken (Karte 6) in der Nähe der Sterne bedeuten getrübte Aussichten, Unklarheit. Liegt die Karte 10 *Sense* in der Nähe der Karte 16 *Sterne*, dann sollten Sie Acht geben, dass nicht alles mit einem Mal zu Grunde gerichtet wird. Karte 34 *Fische* verweist in Kombination mit den Sternen auf Wohlstand und finanzielle Sicherheit.

Symbolgehalt / Moderne Deutung

Die Sternensymbolik ist ungeheuer vielfältig und vor allem, naturgemäß, weltumspannend. Im Folgenden nur eine kleine Auswahl der vielen symbolischen Aspekte der Sterne. Schlagen Sie im Bedarfsfall in einem guten Symbollexikon (s. Literaturverzeichnis) weitere, Ihnen möglicherweise eher weiterhelfende Aspekte nach.

Alle Kulturen und Völker sehen in den Sternen Zeichen der Götter, Sinnbilder der kosmischen Ordnung usw. In vielen Mythen sind die Sterne die Seelen der Verstorbenen, welche das *Licht von oben* auf die Erde werfen und den Lebenden leuchtende Wegweiser sind. Jüdische Mythen sehen jeden der zahllosen Sterne als von einem Engel behütet und als Symbol für die unzählbare Nachkommenschaft des Stammvaters Abrahams. Der sechszackige Stern, aus unseliger Zeit auch als Judenstern bekannt, war einst das magische Siegel König Salomons und ist bis heute, u.a. in der Nationalflagge Israels, das jüdische Symbol schlechthin. In christlichen Darstellungen stehen abgebildete Sterne immer für himmlische Ereignisse. Der Stern von Bethlehem beispielsweise führte die Weisen aus dem Morgenland zur Krippe mit dem Jesuskind.

Der auch Drudenfuß genannte fünfzackige Stern, das Pentagramm, steht zum einen als segensreiches magisches Zeichen und Symbol für den Menschen (goldener Schnitt), aber auch als Zeichen für negativ geleitete Kräfte.

Die Astrologie kennt die ›Sternzeichen‹ der Tierkreisbilder und errechnet aus der Konstellation der Gestirne, zum Zeitpunkt der Geburt etwa, Horoskope, also ›Stundenbetrachtungen‹. Diese sagen etwas über die Grundstruktur bzw. die grundsätzlichen Entwicklungsmöglichkeiten des betreffenden Menschen aus bzw. über die fragliche Situation.

Sternbilder dienten und dienen teils auch heute noch den Seefahrern als Orientierung. Besonders fasziniert waren und sind die Menschen von der Venus, die, wenn auch immer gleich, einmal als Morgenstern und einmal als Abendstern unsere Herzen erleuchtet.

Carta Mundi

Piatnik

Lo Scarabeo

ASS

Anregung

Ob Sie nun selbst unter einem guten Stern geboren sind oder gerade unter einem glücklichen Stern stehen, oder ob Sie für jemand anderen ein guter Stern, sprich ein Helfer und Beschützer, sind: Bleiben Sie mit beiden Beinen auf der Erde.

Einen funkelnden Sternenhimmel können Sie nur sehen, wenn keine Wolken den Blick versperren. Klarheit ist also nötig, ein unverstellter Blick, um die Wegweiser des Himmels zu erkennen. Verschaffen Sie sich Klarheit in Ihrer aktuellen Situation. Wer, was, wie, wo, warum … Berechnen Sie dann Ihren Kurs.

17 · Storch · Herz Dame

Die Karten zeigen zumeist einen ruhig im Wasser in Ufernähe stehenden oder watenden Storch. Auf der Piatnik-Karte fängt er gerade einen Frosch. Einzig die Lo-Scarabeo-Karte zeigt eine Storchenfamilie am Nest, wobei ein Elternvogel gerade mit Futter im Schnabel heranfliegt.

Traditionelle Deutung

Schlüsselbegriffe: Veränderung, Umzug

… nahe der Person gelegen, bedeutet eine Veränderung des gegenwärtigen Aufenthaltes, entfernt, lässt er voraussehen, dass diese Ortsveränderung noch verzögert wird.

Ein Umzug steht ins Haus oder ein neuer Job, möglicherweise beides, weil das eine das andere bedingt. Der Storch bringt ja bekanntlich die Kinder, also stellen Sie sich durchaus auf Nachwuchs ein. Und das erklärt dann auch die totale Umkrempelung Ihrer bisherigen Lebens- und Arbeitssituation, welche diese Karte ankündigt. Möglicherweise besteht die Veränderung aber auch nur aus einer Renovierung Ihrer Wohnung oder Ihres Büros.

Umgebungskarten und ihr Einfluss

Liegt die Karte 4 *Haus* in der Nähe des Storches und der Signifikatorkarte, dann geht es sicher um einen Umzug. Ist auch noch die Karte 3 *Schiff* im Spiel, dann geht der Umzug über eine weite Entfernung. Wenn aber die Karte 13 *Kind* ganz nah liegt, dann kündigt der Storch Nachwuchs an. Liegt der Storch weit entfernt von der Signifikatorkarte und sind auch die anderen genannten Karten nicht direkt involviert, dann ist der Zustand momentan stabil bzw. eine (räumliche) Veränderung zögert sich noch hinaus.

Symbolgehalt / Moderne Deutung

Im Alten Testament werden zwar alle Stelzvögel zu den unreinen Tieren gezählt, doch gilt der Storch als Glücksbringer, wohl weil er auch Schlangen fängt. Im christlichen Kontext ist der Storch ein Verweis auf Christus, der, wie der Storch die Schlangen, die satanischen Geschöpfe vernichtet. Auch im *Physiologus* wird Meister Adebar als Sinnbild für Christus gesehen. Dort heißt es u.a.: »Wenn nun dieser Storch seine Jungen aufgezogen hat [...], dann fliegen sie alle zu einer Stunde [...] nach einem anderen Ort, und sie werden wiederkommen zu ihrer Zeit [...], wie Jesus Christus von uns genommen wurde nach oben, und wiederkommen wird zu seiner Stunde und aufrichten wird, die niedergefallen sind.«

Weil der Storch als Zugvogel im Winter gen Süden zieht und im Frühjahr zurückkehrt, wird er in Europa auch mit Reiselust und Fernweh gleichgesetzt. Die regelmäßige Wiederkehr im zeitigen Frühjahr macht ihn in nordischen Ländern zum Sinnbild für Leben, Geburt und Auferstehung. In diesem Zusammenhang steht auch seine Funktion als Kinder-

Carta Mundi

Piatnik

Lo Scarabeo

ASS

bringer. Der *Physiologus* lobt seine Nesttreue und Fürsorge für den Nachwuchs. Darauf deutet auch sein alter Name ›Adebar‹, was so viel wie der *Gabenbringer* bzw. der *Atembringer* (= des Lebens, der Kinder) bedeutet. Daher auch die Redewendungen *Der Storch kommt zu jemandem* oder *Sie hat der Storch gebissen,* wenn eine Frau schwanger ist. Meist wird in diesem Zusammenhang der Storch als Klapperstorch bezeichnet, der die Kinder aus dem Teich holt. Dahinter verbirgt sich die Vorstellung des Wassers der Schöpfung, welches neues Leben hervorbringt.

Die Antike sieht im Storch ein Symbol der Fruchtbarkeit und der Kindesliebe, da eine Legende erzählt, wie ein Storch seinen greisen Vater ernährt.

In China gilt der Storch als Symbol für Langlebigkeit, da Störche oft ein hohes Alter erreichen. Sein stoisches Stehen auf einem Bein im Wasser, was zugleich wachsam, würdig und nachdenklich wirkt, machte den Storch auch zu einem Sinnbild der Meditation und Kontemplation. Manch einem erscheint das aber eher steif und ungelenk, wie ein *Storch im Salat* eben.

In der Mantik gilt der Storch als Symbol für langes Leben und Wohlstand, denn wer das Glück hat, dass Störche ihr Nest auf den Schornstein bauen, wird lange leben und reich werden. Zudem schützt er vor Blitz und Feuer. Herrscht Unfrieden in dem Haus, auf dem der Storch nistet, dann verlässt er Nest und Haus.

Anregung

Ob Sie nun umziehen, ein Kind bekommen oder dem Fernweh erliegen: Veränderungen bereichern das Leben, auch wenn sie zunächst Angst machen und immer für (vorübergehende) Unruhe und Stress sorgen. Die spannendsten Veränderungen sind aber nicht unbedingt die äußeren. Innere Ver-

änderung sind meist tief greifender und beeinflussen Ihr Leben positiv wie negativ weit mehr als ein Umzug. Haben Sie in solchen Phasen Geduld wie der Storch, der im Wasser auf Beute wartet. Als Tageskarte regt der Storch an, sich auszubalancieren. Finden Sie Ihren festen Standpunkt, auch wenn Sie zeitweise auf nur einem Bein stehen müssen. Fischen Sie im Wasser der Schöpfung. Fangen Sie dabei Ihr ›Kind‹ und ziehen Sie es auf. Und wenn Sie dabei auf einen Frosch stoßen – wer weiß, ob sich dahinter nicht ein Prinz verbirgt …

18 · Hund · Herz 10

Ob aufmerksam-agiler Junghund, treu blickender Münsterländer, alter Golden Retriever oder Respekt einflößende Dogge: Der Hund vor seiner Hütte im Garten des Hauses kennt viele Erscheinungsformen. Spielhund, Jagdhund, treuer Begleiter im Alter, unüberwindbarer Wachtposten, der Hund ist ebenso vielgestaltig wie vielfältig einsetzbar. Auf allen Karten tritt er als liebenswerter, doch vermutlich tapfer die Grenzen seines (häuslichen) Reviers (erkenntlich an den Gartenmauern bzw. Zäunen) gegen jeden Eindringling verteidigender Hund auf. An ihm geht kein Weg ins Haus seines Frauchens oder Herrchens (angedeutete Haustür auf der Piatnik-Variante) vorbei.

Traditionelle Deutung

Schlüsselbegriffe: Freundschaft, Treue

… sehr nahe, versichert eine treue Freundschaft, weit entfernt, bedeutet er Verrat, mit Wolken umgeben, zeigt er an, dass man denen nicht trauen soll, die sich unsere Freunde nennen.

Ein Treuebeweis, wahre Freundschaft und Geborgenheit und Schutz im Freundeskreis oder bei einem guten Freund. In negativer Kartenumgebung und entfernt von der Signifikatorkarte aber das Gegenteil: Untreue. Achten Sie immer darauf, ob diejenigen, die sich als Ihre Freunde ausgeben, auch wirklich vertrauenswürdig sind. Eine falsche Einschätzung kann Sie schneller, als Ihnen lieb ist, in eine schwierige oder gar gefährliche Situation bringen.

Umgebungskarten und ihr Einfluss

Liegen negative Karten wie Karte 7 *Schlange* oder Karte 10 *Sense* in der Nähe, dann verkehrt sich die Treue in ihr Gegenteil. Untreue droht. Auch in der Nähe der Karte 6 *Wolken*, insbesondere, wenn die dunkle Wolkenseite zur Karte 18 weist, ist dies eine Warnung vor Untreue.

Symbolgehalt / Moderne Deutung

Des Menschen bester Freund ist der Hund, heißt es. Das eben dieser beste Freund ehedem als der grimmigste Feind angesehen wurde (und auch heute irrationalerweise von vielen noch so gesehen wird), scheint angesichts eines treuen Hundeblickes schnell vergessen. Als der Stammvater aller Hunde, der Wolf, noch flächendeckend und im gefährlichen Rudel hungrig durch die europäischen Winterwälder streunte, verriegelte man schnell Fenster und Türen, wenn das Heulen durch die Tannen gellte.

Wie sein Stammvater hat auch der Hund eine sehr ambivalente symbolische Bedeutung. Einerseits als wohl ältestes Haustier der vertrauteste Begleiter des Menschen, ist er doch gleichzeitig auch der Wächter der Toten (Zerberus, der Höllenhund) und als Führer der Seelen Mittler zwischen den Welten der Toten und Lebenden (z. B. etwa als schakalköpfiger Gott Anubis in der ägyptischen Mythologie). In afrikanischen Mythen wird der Hund auf Grund seiner ihm zuerkannten Weisheit und auf Grund seiner starken Sexualkraft zum Ahnvater und Erzeuger des Menschen.

Carta Mundi

Piatnik

Lo Scarabeo

ASS

Seine sprichwörtliche Treue macht den Hund weit verbreitet zu dem Sinnbild der Treue, zum Beschützer und mythischen Helfer von Frauen und Kindern (etwa in Japan) und zum Sinnbild der Wachsamkeit. Auf Grund ihrer ausgeprägten Sinne (Geruch, Gehör) sind Hunde in der Lage, Menschen, Tiere, Gegenstände viel früher und besser wahrzunehmen als der Mensch (daher werden Hunde z.B. im Zolldienst als Rauschgifthund oder im Rettungsdienst zum Aufspüren Verschütteter eingesetzt). Wegen dieser Fähigkeiten gilt der Hund als idealer Wegweiser und Warner vor Gefahren.

Und dennoch steht er zugleich auch als Sinnbild für das Böse, Niedrige und Verachtenswerte. Dies gilt insbesondere für schwarze Hunde, die als Begleiter von Hexen, Magiern und Dämonen galten. *Du dreckiger Hund* ist fast weltweit ein Schimpfwort.

Im Mittelalter wurde strafverschärfend zuweilen neben dem Gehängten ein Hund hingerichtet, was als besonders schmachvoll empfunden wurde. Im islamischen Kulturkreis gilt der Hund als unreines Tier, wird aber als Wachhund geduldet. Die deutsche Redewendung *auf den Hund gekommen sein* geht auf die Nutzung des Hundes als Arbeitstier der armen Leute in vergangenen Jahrhunderten zurück (etwa als Zugtier für kleinere Karren etc.). Wer auf den Hund gekommen ist, ist also auf den Status armer Leute abgerutscht.

In der modernen Traumsymbolik steht der Hund für das Animalische, den Instinkt, auf den sich das Bewusstsein besinnen soll. Auch hier kann der Hund positiv als Beschützer vor feindlichen Angriffen und damit als treuer Freund erscheinen, aber auch negativ als jemand, der alles ausschnüffelt oder als Zeichen für den Verfall der Instinkte.

Anregung

Freunde in der Not, gehen hundert auf ein Lot, weiß der Volksmund schon lange. Wenn Sie einen wirklichen Freund gefunden haben, hüten Sie diesen Schatz. Bemühen Sie sich, selbst auch ein so guter Freund zu sein. Treue und Wahrhaftigkeit sind hohe Werte. Setzen Sie diese nicht leichtfertig aufs Spiel, das wäre ein dicker Hund. Wenn Sie den Hund als Tageskarte ziehen, sollten Sie den Aspekt Freundschaft in Ihrer aktuellen Situation betrachten. Seien Sie bei Freundschaften durchaus wählerisch und wachsam. In einer aktuellen Situation gilt es aber vielleicht eher, herauszuschnüffeln, wo der Hund begraben liegt, sprich, herauszufinden, wo der entscheidende Punkt der Schwierigkeit liegt, oder um vornehm mit Goethe zu sprechen: wo des Pudels Kern liegt. So können Sie verhindern, dass Sie auf den Hund kommen. Und wenn das nicht vollständig beim ersten Anlauf gelingt: Scheiß der Hund drauf! Kommt man über den Hund, kommt man auch über den Schwanz! Wenn Sie es also bis hierher schon geschafft haben, dann schaffen Sie auch den Rest.

19 · Turm · Pik 6

Weithin sichtbar ragen die Türme der Lenormand-Karten ins Land: Wegzeichen, Versprechen für Schutz und Sicherheit, aber auch mögliche Isolation und Gefangenschaft. Mit Zinnen bewehrt, mit spitzen Dächern und Türmchen, intakt und genutzt oder als Ruine, sind sie allesamt offenbar uralt.

Traditionelle Deutung

Schlüsselbegriffe: Lebensweg, Wachsamkeit

… lässt auf ein langes und glückliches Alter hoffen, aber von Wolken umgeben, sagt er Krankheit voraus, ja sogar unter Umständen den Tod.

In der Nähe der Signifikatorkarte kündet der Turm von einem langen Leben. In negativer Kartenumgebung bedeutet sie das Gegenteil. Der Turm deutet aber auch auf einen ausgeprägten und starken Willen des Fragenden hin, der große Erwartungen an das Leben hat und alles daran setzen wird, sein Ziel zu erreichen. Solcher Eifer bzw. solcher Ehrgeiz kann aber auch einsam machen. Menschen, die höchste Positionen erreichen, sind auch sehr verletzbar. Ein zu forsches Tempo geht auf die Gesundheit.

Umgebungskarten und ihr Einfluss

In Kombination mit der Karte 6 *Wolken* droht eine unverhoffte Krankheit, die im schlimmsten Fall tödlich enden kann. Wenn auch noch Karte 5 *Baum* in der Nähe liegt, ist das erst recht als Warnung, auf die Gesundheit zu achten, zu verstehen. Liegt der Turm direkt neben der Signifikatorkarte, dann verspricht sie ein langes Leben. Liegt die Karte 24 *Herz* in der Nähe, warnt der Turm vor Einengungen in der Partnerschaft.

Symbolgehalt / Moderne Deutung

Kirchturm, Leuchtturm, Elfenbeinturm, Hungerturm, Schuldturm, Turm von Babylon: Alles im wahrsten Sinne des Wortes herausragende Bauwerke, die jedoch nicht alle gleich positiv sind.

Als Bindeglied zwischen Himmel und Erde, als Fingerzeig auf die göttliche Herrlichkeit zieren Türme Gotteshäuser fast aller Religionen. Im Islam weisen Minarette den Weg zur Moschee, Pagoden im Buddhismus usw. Allesamt Marksteine des Glaubens der jeweiligen Religion. Leuchttürme leiten seit alters her die Seeleute übers Meer und stehen so symbolisch für sichere Fahrt und glückliche Heimkehr.

Wachtürme als Ausgucksplattformen in die Umgebung versprechen Sicherheit und Schutz, die Chance auf rechtzeitiges Erkennen feindlicher Angreifer.

Andere Assoziationen wecken da Elfenbeintürme als Rückzugsstätten (oder Gefängnisse) von Künstlernaturen. Diese kann man positiv als Orte des Denkens, Philosophierens und Meditierens sehen (als Beispiel Hölderlins Dichterturm in Tübingen) oder aber negativ als realitätsferne Isolationskammern. Negativ besetzt auch die Schuld- und Hungertürme, in die man ehedem, mit Glück bei Wasser und Brot, sonst ohne derartigen Luxus, geworfen wurde, wenn man seine Verbindlichkeiten nicht begleichen konnte. Gefangenschaft, Unfreiheit und Isolation steht hinter diesen Turmsinnbildern. Auch Rapunzel in ihrem Turm ist Gefangenschaft und Isolation beschieden, hätte sie nicht ihr langes Haar, welches ihr zumindest gelegentliche Besuche von außen verschafft. Ob man ihr Haar nun als christliches Symbol der Jungfräulichkeit, als Symbol der schwelgerischen Wollust oder nach germanischer Tradition als Zeichen von Freiheit und Ehre auffasst: Die Begrenzungen des Turms überwindet dieses Haar allemal.

Diese Freiheit klingt auch bei den Sprungtürmen der modernen Schwimmbäder an. Ob Kunstspringer mit ihren komplizierten Sprungkombinationen oder der einfache Badegast: Alle erleben sie im freien Fall den Nervenkitzel, diese Ahnung vom Fliegen, von Freiheit.

Mit dem Turm zu Babel wird symbolisch die Hybris und die Vermessenheit des Menschen versinnbildlicht. Menschliches Streben, das an den göttlichen Fußboden des Himmels kratzt, wird mit Absturz und Sprachverwirrung bestraft.

Eine neue, besonders tragische Facette bekommt die Turmsymbolik durch die Zerstörung der Twin-Tower des World Trade Centers in New York am 11.09.2001. Tausende

Carta Mundi

Piatnik

Lo Scarabeo

ASS

von Menschen fanden auf Grund doppelter Hybris den Tod. Einerseits die Hybris der terroristischen Attentäter, anderen ihren Willen mit Gewalt aufzuzwingen. Andererseits aber auch die Hybris der westlichen, kapitalistischen Welt, versinnbildlicht in diesen Handelstürmen, die oft genug rücksichtslos über alte Traditionen und kulturelle Einbettungen hinwegfegt.

In der modernen Traumdeutung wird der Turm zumeist als Phallussymbol aufgefasst. Aber auch als Ort, von wo aus man Übersicht (über die Umgebung) gewinnen kann (muss), oder als Signum der Macht. Die Gefangenschaft in einem Turm wird als sexuelle Hemmung interpretiert.

Anregung

Letztlich gibt es nur einen, auf den Sie Türme bauen, d.h., dem Sie absolut vertrauen können: Sie selbst. Wenn Sie in der aktuellen Situation nicht weiter wissen, suchen Sie sich einen Leuchtturm als Wegweiser oder erklimmen Sie einen (Kirch-)Turm, und versuchen Sie, sich einen Überblick zu verschaffen. Sie selbst sind der Wächter über Ihr Leben. Nur wer weiß, was auf ihn zukommt, kann rechtzeitig handeln. Handeln Sie dann vorausschauend, sorgen Sie für die Unwägbarkeiten des Lebens bestmöglich vor.

20 · Garten · Pik 8

Quer durch den Garten – was sonst eher ein buntes Durcheinander verspricht, ist hier ein vielschichtiger Querschnitt durch all das, was Menschen mit dem Begriff *Garten* verbinden. Verschlungene Wege durch blühende Idylle (Piatnik), großzügig-repräsentativer englischer Landschaftsgarten mit Sichtachsen und Blickfängen (Lo Scarabeo), niedrige Blumenrabatten als Rahmen für (Springbrunnen-)Kunst (Carta

Mundi), aufgeräumtes Flaniergelände mit strengen Formhecken (ASS). Was dem einen sein Garten, ist dem anderen sein Park, wie der Norddeutsche frei abgewandelt sagen würde. Auf den meisten Karten gehört aber offenbar eines ganz untrennbar zum Garten: Wasser, als Teich, als Brunnen, als Fontäne.

Traditionelle Deutung

Schlüsselbegriffe: Gesellschaft, Kreativität

... verkündet eine gute und große Gesellschaft, in die man kommen wird; ganz nahe versichert er auch eine dauernde Freundschaft, dagegen entfernt, ist er ein Wink für falsche Freunde.

Ein Garten strahlt Entspannung und Ruhe aus. Dort trifft man sich gerne und so kündigt diese Karte im positiven Sinne angenehme und wichtige Gesellschaft an, in die man gelangt. Entspannen Sie sich im Kreise guter Freunde, sammeln Sie Kraft und genießen Sie den Frieden. In negativer Sicht warnt sie vor falschen Freunden und Schmeichlern.

Zudem steht die Karte für vielgestaltige Kreativität oder einen Lebenskünstler, der sich mit Luxus und Künstlern umgibt. Und schließlich verspricht die Karte auch eine Freundschaft, die ein Leben lang hält. Die Chance besteht nun, in einflussreiche, wohlhabende und interessante Kreise zu gelangen.

Umgebungskarten und ihr Einfluss

In Kombination mit der Karte 3 *Schiff* und/oder der Karte 31 *Sonne* empfiehlt sich eine Erholungsreise in die Sonne ans Meer oder übers Meer. Liegt Karte 27 *Brief* in der Nähe, ist eine Einladung zu einer gesellschaftlichen Veranstaltung (Ball, Konzert etc.) zu erwarten.

Carta Mundi

Piatnik

Lo Scarabeo

ASS

Symbolgehalt / Moderne Deutung

Der Garten ist als Symbol durchweg positiv besetzt. Vom urwüchsigen, wilden Wald führt der Weg der Kultivierung des Menschen (hier tatsächlich im Doppelsinn von Selbstkultivierung und Kultivierung der Umgebung zu verstehen) zum Garten: künstliche Natur und natürliche Kunst.

Ein Ort des Friedens, ein umzäunter Raum der Sicherheit. Im Niederländischen ist der Zaun noch im Wort für Garten sichtbar: *tuin*. Das deutsche Wort *Garten* stammt vom althochdeutschen *garto* (Hürde) bzw. vom altnordischen *garðr* ab, was Zaun, Gehege, Hofraum, Gehöft bedeutete. Aus den gleichen Wurzeln stammen verwandte deutsche Begriffe wie Gürtel oder Gurt. Der Garten ist also ein Ort, der durch eine schützende Begrenzung von der ›wilden‹ Umgebung abgetrennt ist. Hier kann in Ruhe gedeihen, was außerhalb gefährdet wäre. Eine Insel der Seligen. Und als Erinnerung an die erste, verlorene Insel der Seligen, das Paradies, ist auch der Garten in der christlichen Ikonografie zu sehen, etwa in den idyllischen, von einem Kreuzgang umgebenen Gärten der mittelalterlichen Klöster. Ja, hier galt der umhegte Garten als Symbol für die Jungfräulichkeit der Gottesmutter Maria, zu der niemand Zugang hatte als der Engel Gottes.

In der Gartenarchitektur insbesondere der Renaissance und des Barock ist der Garten Sinnbild für die Kultivierung des Lebens, was sich in streng geometrischen Gartenanlagen und durchgeplanten Beetarrangements widerspiegelt. Die ›Bändigung der Wildheit‹ (wieder auch im übertragenen Sinne) stand hier im Vordergrund, während die spätere Romantik die Rückkehr zur Natur zum Credo erhob, was sich gartenkünstlerisch in den ›natürlichen‹ englischen Landschaftsgärten niederschlug. Die höchste Blüte erlebte die Gartenkunst in China und Japan, wo Natur künstlich derart perfekt inszeniert wurde und wird, dass die Kunst die Natur noch übertrifft. Hier symbolisiert der Garten die Ganzheit der Welt und des Kosmos, verkörpert das Prinzip des Yin und Yang. Jede Pflanze, jeder Stein, jedes Dekor versinnbildlicht darin Aspekte des Seins. Der Garten als vollkommenes Abbild der kosmischen Harmonie und als solches mit der Funktion bedacht, sich positiv auf den Menschen auszuwirken.

Ein Garten kann aber auch zur gegen die Außenwelt abgeschotteten kleinen, heilen Welt werden. Idyllisierende Gartenlaubenromantik als Oase der Weltflucht. Umgrenzungen geben zwar Schutz, können aber auch Gefängnis werden (Zoo versus freie Wildbahn – Schrebergartenidylle versus Wirklichkeit).

In der modernen Traumsymbolik gilt der Garten als Ort des Wachstums und der Entwicklung. Gelangt man erst nach längerem Suchen durch eine Pforte in einen solchen Traumgarten, dann wird das als Ausdruck eines langen seelischen Reifeprozesses gedeutet, der zu innerem Reichtum führt. Wenn dann auch noch, wie auf den beschriebenen Lenormand-Karten, ein Brunnen oder eine Quelle in diesem Garten plätschert, dann ist dies ein Symbol der entdeckten inneren Mitte, des Wesenskerns.

Anregung

Ein schöner Garten ist ein idealer Gegenpol zum Stress des Alltags. Dort kann man sich ergehen, dort kann man sich wieder erden, Ruhe und inneren Reichtum finden. Gleich und Gleich gesellt sich gern, und so finden Gartenfreunde schnell ein Gesprächsthema.

Als Tageskarte gezogen, rät die Karte, jetzt all die positiven Gedanken zu genießen, die Sie mit einem schönen Garten verbinden. Schöpfen Sie Kraft und laden Sie Ihre ›Batterien‹ auf. Schaffen Sie sich, so Sie das nicht ohnehin schon längst getan haben, einen solchen geschützten Rückzugs-

raum, äußerlich oder innerlich. Dorthin können Sie sich immer dann zurückziehen, wenn Sie Besinnung brauchen. Der Rückzugsraum sollte aber immer nur periodischer Rückzugsraum sein, nicht ständiger Aufenthaltsort. Ein solcher Hortus sollte nicht zum einem Ort der Weltflucht werden.

21 · Berg · Kreuz 8

Imposante, gratige Bergmassive zieren alle Karten. Mal schneebedeckt als Teil einer alpinen Gebirgskette (Piatnik, ASS), mal felsig-nackt aus einer Mittelgebirgslandschaft hervorragend (Carta Mundi, Lo Scarabeo). Außer auf der ASS-Karte finden sich überall Nadelbäume (Tannen, Föhren) am Fuß des Berges.

Traditionelle Deutung

Schlüsselbegriffe: Feindschaft, Hindernisse, Widerstand, Herausforderung

... nahe bei der Person, lässt uns einen mächtigen Feind fürchten, aber entfernt dürfen wir auf kräftige Freunde zählen.

Der Berg steht für ein festes Ziel bzw. das Erreichen eines Ziels nach intensiver geistiger Anstrengung. In negativer Umgebung drohen schier unüberwindliche Schwierigkeiten, Widerstände und damit einhergehend Gefühle der Niedergeschlagenheit, Resignation und Einsamkeit. Nahe an der Signifikatorkarte warnt sie vor einer gefährlichen Situation bzw. einem feindlich gesinnten Menschen.

Umgebungskarten und ihr Einfluss

In Kombination mit der Karte 3 *Schiff* drohen Hindernisse während einer Reise. Neben der Karte 5 *Baum* beziehen sich die Schwierigkeiten und Hindernisse auf die aktuelle Lebenssituation und die Gesundheit. Liegen die Berge in der Nähe der Karte 22 *Wege*, dann steht Ihnen ein schwerer Gang bzw. eine schwere Entscheidung bevor.

Symbolgehalt / Moderne Deutung

Seit jeher und fast in allen Kulturen gilt der Berg als das Bindeglied zwischen Himmel und Erde. Nahe liegend, verstecken sich doch die Gipfel zumindest höherer Berge gerne in den Wolken, während ihr Fuß tief unten im Tal verwurzelt ist. Gebirge galten als die tragenden »Säulen des Himmels« (etwa das Atlasgebirge in der Sichtweise der alten Griechen) oder als Dach der Welt (Himalaja). Ob Fujiyama (Japan) oder Olymp (Griechenland), die Götter waren im Zusammenhang mit Bergen immer im Spiel, sei es, dass sie dort oben ihren Wohnsitz hatten oder dort geboren wurden, wie Zeus auf dem kretischen Berg Ida. Im alten Ägypten bauten sich die gottgleichen Pharaonen ihre ›Wohnberge für die Ewigkeit‹ mitten in die Wüste: die Pyramiden, die als künstliche Berge die Symbolik der natürlichen übernehmen. Berge bilden in den unterschiedlichen Mythologien den Mittelpunkt oder die Achse der Erde, den Nabel der Welt oder gar das Zentrum des Weltalls.

Noch heute erinnern Bergnamen an die (ehemalige) Heiligkeit der Orte: der Godesberg bei Bonn oder der Donnersberg in der Pfalz waren ehedem Gott Wotan bzw. Gott Donar geweiht Berge. Moses stieg auf den Berg Horeb (Sinai), um die Gesetzestafeln Gottes zu empfangen. Der Apostel Johannes erfuhr die Offenbarung auf einem hohen Berg, von dem aus die Engel ihm das himmlische Jerusalem zeigten. Und die wohl wichtigste Textstelle des Neuen Testamentes wurde auch auf einem Berg gesprochen: die Bergpredigt Jesu (Mt 5, 7).

In Wolfram von Eschenbachs *Parzival* symbolisiert die Gralsburg Monsalväch die göttliche Höhe. Nicht nur als Ort des Empfangs göttlicher Botschaften dient der Berg, auch als

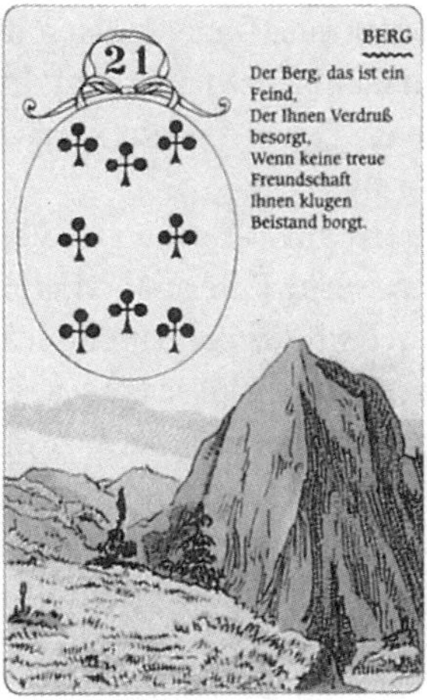

Carta Mundi

Piatnik

Lo Scarabeo

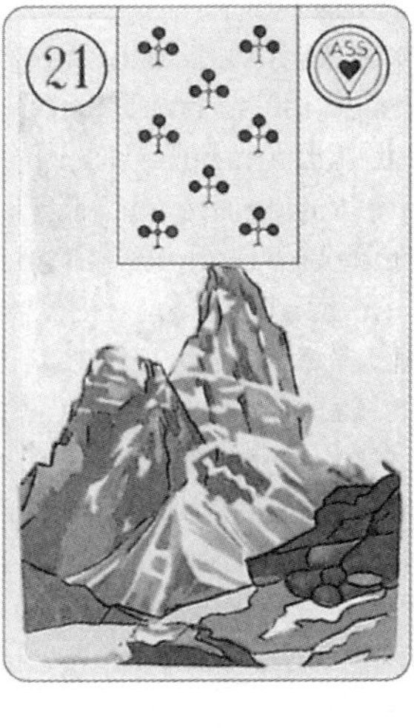

ASS

Ort der Entrückung und des Überdauerns. So ist Kaiser Barbarossa bekanntlich nicht tot, sondern er ruht tief schlafend im Berg Kyffhäuser besseren Zeiten entgegen. König Artus tut dies übrigens auch, natürlich andernorts.

Kirchen wurden im Mittelalter gern auf Anhöhen und Bergen errichtet, insbesondere wenn sie dem Erzengel Michael, dem Fürsten der Lüfte, geweiht waren, und der zugleich der Patron der Deutschen ist (der deutsche Michel). Das älteste Michael-Heiligtum ist die Michaelsgrotte auf dem Monte Sant' Angelo in Apulien. Symbolisch wird der Berg in diesem Zusammenhang auch als Möglichkeit des geistigen Aufstiegs und der damit mühsam zu erringenden Höherentwicklung des Menschen gesehen.

Wo die Heiligen sich tummeln, sind die ›Hexen‹ nicht weit. Mitten im Harz erhebt sich der Brocken 1142 Meter in die Höhe. Im unwirtlichen Klima dieses Berges treffen sich alljährlich zu Beltane (Walpurgisnacht zum 1. Mai) die Hexen aller deutschen Lande, um ihr Jahresfest zu feiern.

Im Volksglauben sind Berge auch die Wohnstätten von allerlei Geistern, Zwergen oder Riesen, die sich zumeist natürlich am Fuße oder im Berg, in Höhlen, den Sinnbildern des Numinosen, aufhalten. Rübezahl aus dem Riesengebirge ist eine der bekanntesten dieser Gestalten.

Auch als Herausforderung reizen Berge noch heute manchen Abenteurer. Ohne Sauerstoffgerät auf den höchsten Berg der Welt zu klettern, gilt unter Bergsteigern als ultimativer Kick. Männer, die dies schafften, genießen höchstes Ansehen. Sei es Reinhold Messner oder Luis Trenker, der Mythos des Mount Everest oder des Matterhorns lässt auch deren »Bezwinger« in mythischem Lichte strahlen. Symbolisiert die erfolgreiche Besteigung doch auch den Sieg über sich selbst.

In der Traumsymbolik steht der Berg für Schutz einerseits und Bewusstsein andererseits. Ähnlich wie der Turm ermöglicht der Berg, Überblick zu erlangen, über der Situation zu stehen. Zugleich bedeutet der Berg aber auch Mühsal und Schwierigkeiten, Hindernisse und Einsamkeit. Den Berg zu besteigen deutet man als Annäherung an ein wichtiges Problem.

Anregung

Hindernis, Widerstand, Herausforderung: Ein Berg steht halt gern mal im Weg. Berge zu bezwingen, also im direkten und im übertragenen Sinne Hindernisse zu überwinden, ist eine immer wiederkehrende Herausforderung, der auch Sie sich in der jetzigen Situation mal wieder stellen müssen. Wenn Sie noch wie der Ochs vorm Berge stehen, sind Sie offenbar noch nicht über'n Berg. Schwierigkeiten zu meistern, dauert zuweilen eine Weile und ist immer mit körperlichen oder geistigen Mühen verbunden. Wie singt Herbert Grönemeyer so schön: »Irgendwas geht immer.« Und denken Sie bei der Suche nach der Lösung daran: Wenn der Berg nicht zum Propheten kommt, dann muss der Prophet zum Berg gehen.

Der Berg, in der traditionellen Deutung primär ein Hindernis, wird in der modernen Deutung durchaus auch positiv gesehen. Er birgt mannigfaltige Schätze und (gemeinsam) den Gipfel zu erreichen ist ein überaus beglückendes Erlebnis.

22 · Weg · Karo Dame

Alle Karten zeigen Weggabelungen, sehr unterschiedliche, aber alle in sommerlicher Landschaft, kein Herbst, kein Winter, Hochsommer: Höhepunkt des *Lebensweges*. Die Carta-Mundi-Karte zeigt die klassische Y-Gabelung des Scheidewegs. Der eine führt berauf, der andere bergab. Gleich drei Y-Gabelungen in weiter Wiesenlandschaft zeigt die Piatnik-

Karte. Von einem Hauptweg zweigen zwei sich gabelnde Seitenwege ab, wie Äste vom Stamm. Der Lo-Scarabeo-*Weg* ist eine Kreuzung, ebenso wie der ASS-*Weg*. Letzter zeigt im Vordergrund einen Meilenstein, dafür aber keinen Wegweiser wie die anderen drei Varianten. Carta Mundi und Lo Scarabeo zeigen zudem jeweils einen Fluss.

Traditionelle Deutung

Schlüsselbegriffe: Wahl, Entscheidung

... mit Wolken umgeben ein Zeichen von Unheil, ohne diese Karte und weit weg von der Person entfernt, bedeutet sie Auswege oder Mittel, die wir finden werden, um einer Gefahr zu entgehen.

Wie soll es weitergehen, materiell und seelisch-psychisch? Sie müssen sich entscheiden. Diese Karte kündet von anstehenden Entscheidungen. Die Weg-Karte sollte auch anregen, über den Sinn des (eigenen) Lebens und den Tod nachzudenken. Wenn die Karte weit von der Signifikatorkarte entfernt liegt, dann wird man aufgefordert, sich auf die Suche nach neuen Wegen, nach Auswegen aus der aktuellen Situation zu begeben.

Umgebungskarten und ihr Einfluss

Begleitet Karte 2 *Klee* diese Karte, dann sind Sie auf dem richtigen Weg. Liegt die 6 *Wolken* in der Nähe, dann muss der Fragende mit Rückschlägen in seinen Unternehmungen rechnen, sie verstellen den Blick für den richtigen Weg. Wenn Karte 8 *Sarg* ganz nah der Karte 22 *Weg* liegt, winkt materieller Wohlstand (ggf. durch eine Erbschaft). Karte 14 *Fuchs* neben dem *Weg* warnt: Vorsicht Falle!

In Verbindung mit 26 *Buch* bedeutet die Karte, dass man in den Besitz geistiger Werte gelangt.

Carta Mundi

Piatnik

Lo Scarabeo

ASS

Symbolgehalt / Moderne Deutung

Der Weg ist in vielen Kulturen ein vielschichtiges Symbol, welches mit Themen wie Suchen, Nachfolgen, Flucht, Reisen (nach innen und außen) etc. zu tun hat. Der Weg als Symbol für den Lauf des Lebens ist mindestens so alt wie die Lebenssymbolik des Flusses. Lebensweg – Lebensfluss. Viele Religionen sehen sich als Wege zu Gott. Religiöse Rituale, Gebete und Zeremonien sind darin Wege der Reinigung und Erleuchtung.

Wie bedeutungsvoll der Weg in seiner vielschichtigen Symbolik für uns ist, zeigt die Vielzahl von Wegen, die uns im tagtäglichen Sprachgebrauch begleiten: Königswege, Scheidewege, Reisewege, Kreuzwege, Holzwege, Irrwege, Labyrinthe etc. Der Duden 11 (Redewendungen) listet 58 Redewendungen auf, die mit dem Weg zu tun haben. Das ist man auf dem *richtigen Weg, dem Weg der Besserung*, oder man *bleibt auf halbem Wege stehen*, womöglich *kommt man Ihnen auf halbem Wege entgegen oder Sie gehen halbwegs entgegen*, *räumen* unterwegs noch *den einen oder anderen Stein aus dem Weg*, sofern Sie *sich selbst dabei nicht im Wege stehen* und trotz Ihres Alters noch *gut zu Wege sind*. Vielleicht *läuft Ihnen auch jemand über den Weg*, dem Sie *nicht über den Weg trauen*. Lassen Sie sich dann *nicht vom rechten Weg abbringen*, sondern *machen Sie sich auf den Weg* und gehen Sie *auf schnellstem Wege Ihrer Wege*.

In der christlichen Tradition (aber auch in anderen) ist das Zwei-Wege-Motiv von besonderer Bedeutung. Hier steht die Entscheidung im Vordergrund, für den *Weg der Gerechten* oder *den Weg der Frevler* (Ps 1, 6).

Insbesondere Wegkreuzungen und Wegweiser verweisen auch in der Traumsymbolik auf anstehende Entscheidungen. Der Wegweiser zeigt dem Träumenden, wo es (im Leben) lang geht. In seiner Funktion als Symbol für den Lebensweg drückt der ungeteerte, ungepflasterte Weg eine individuellere Gangart aus als die geteerte, gepflasterte Straße. Einen Weg geht man selbst und zu Fuß, während man auf einer Straße eher fährt oder gefahren wird. Das Gehen bedeutet hier ein Vertrauen auf die eigene Kraft und ein Fortschreiten im eigenen Tempo.

Anregung

Die Qual der Wahl ist vor allem die Chance zur Wahl! Seien Sie froh, dass Sie die Wahl haben und selbst entscheiden können, so schwierig Ihnen die Situation im Moment auch vorkommen mag. Entscheiden heißt zunächst wörtlich, das Schwert aus der Scheide ziehen. Diese Waffe des Geistes brauchen Sie für Ihre Wahl. Hier kommt Bewegung ins Spiel. Die Ratio, der Verstand ist gefragt. Die berühmten drei Schritte: Beobachtung, Analyse, Entscheidung. Wenn Sie zuvor nach all Ihrem Vermögen abwägen und prüfen, dann haben Sie doch alles in Ihrer Macht Stehende getan und man kann Ihnen hinterher nicht vorwerfen, leichtfertig entschieden zu haben. Vor allem Sie selbst brauchen sich dann keine Vorwürfe mehr zu machen. Nach Maßgabe der Dinge ist bzw. war die Entscheidung dann richtig.

Man geht im Leben so manchen Irrweg, gerät in manche Sackgasse, muss auf halbem Weg kehrt machen, weil sich der Weg als nicht gangbar herausstellt. That's life! Nicht alle Wege führen nach Rom, viele zum persönlichen Glück. Eines müssen Sie stets und immer wieder: aktiv handeln und entscheiden. Ziel ist es, den eigenen Weg im Leben zu finden, und den findet man nicht unbedingt, wenn man in die Fußstapfen anderer tritt.

23 · Mäuse · Kreuz 7

Auf allen Karten sehen die Mäuse eher wie fette Ratten aus. Tatsächlich gibt es auch Lenormand-Varianten, wo diese Karte *Die Ratten* heißt. Mitnichten Sympathieträger also.

Während Carta Mundi und Piatnik ihre Mäuse auf freiem Feld als Gruppe oder Paar agieren lassen, räubern die Mäuse der Lo-Scarbeo-Karte und der ASS-Karte gerade menschliche Speisekammern und knabbern an Speck und Blutwurst.

Traditionelle Deutung

Schlüsselbegriffe: Diebstahl, Verlust

... ist ein Zeichen von Diebstahl, ist sie nahe, so wird man das Verlorene zurückerhalten, ist sie weit entfernt, so ist der Verlust unersetzlich.

Diese Karte steht für Verlust und Diebstahl. Mit raffinierten Methoden wird man versuchen, Sie materiell zu erleichtern. Doch es gibt auch positive Aspekte: Je nach Umgebungskarten kann auch der Verlust von etwas angekündigt werden, das Sie gerne loswerden. Die *Mäuse* raten allen Vermögenden, auf ihr Hab und Gut zu achten und gelegentlich zu prüfen, ob noch alles da ist. Je weiter weg die *Mäuse* von der Signifikatorkarte liegen, desto unwahrscheinlicher ist es, dass Sie gestohlene Gegenstände wiederbekommen.

Umgebungskarten und ihr Einfluss

Neben der Karte 34 *Fische* künden die Mäuse Geldverluste an.

Symbolgehalt / Moderne Deutung

So klein die Maus ist, so bedeutsam war und ist sie für den Menschen. Als typische Kulturfolger, Meister der Anpassung und mit immenser Fruchtbarkeit gesegnet, sind Mäuse ständige Begleiter des Menschen, meistens unsichtbar, was sie auch zum Symbol des Unsichtbaren, des Schattens macht. Manche Dame treibt es angesichts einer harmlosen Maus kreischend auf den nächstbesten Stuhl; im tapferen Gatten

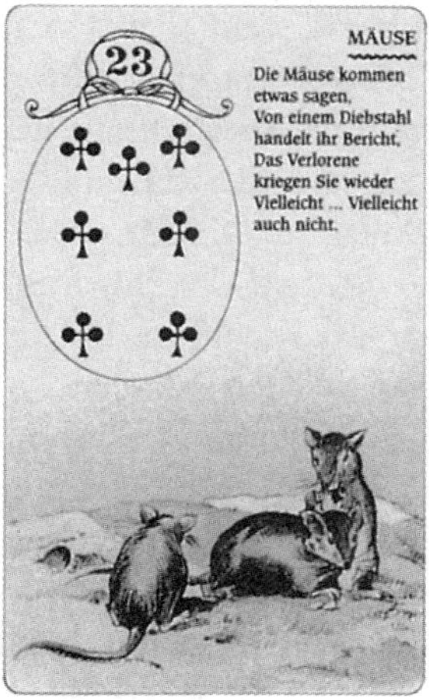

Carta Mundi

Piatnik

Lo Scarabeo

ASS

erweckt das den Jagdinstinkt und überall stellt er Fallen auf. Denn eine Maus kommt nie allein. Zuweilen treten sie in riesigen Massen auf. Natürliche Populationsschwankungen auf Grund günstiger Umweltfaktoren nennen das die Biologen, Plage nennen das die Betroffenen. Massen von Mäusen können Massen von Lebensmitteln vernichten, d. h. auffressen oder mit ihrem Kot und Urin ungenießbar machen. In früheren Zeiten, als die Lagermethoden von Getreide etc. noch nicht so perfektioniert waren, führte das immer wieder zu Hungersnöten. Dass sie ebenso wie Ratten Krankheiten und Seuchen übertragen können, trug zu ihrem negativen Image bei. Als Nagetiere beißen sie sich wortwörtlich überall durch und entwischen durch noch so kleine Löcher. Die huschende, heimliche Lebensweise der vorwiegend nachtaktiven Mäuse machte sie im Volksglauben zu Verkörperung von Seelen Verstorbener. Mäuse verkörpern aber auch Hexen und sind eine Erscheinungsform des Teufels. Im Wort *mausetot* wirkt noch die Beziehung der Maus zum Tod nach.

In der indischen Symbolik steht die Maus für das oft unterschätzte, geheime und nächtliche Wirken. In vielen Darstellungen reitet der elefantenköpfige Gott Ganesha, Gott des Wohlstandes und des ländlichen Gedeihens, auf einer Maus bzw. einer Ratte. So wie der Elefant, das weiseste aller Landtiere, sich machtvoll seinen Weg durch den Urwald bahnt und alle Hindernisse einfach beiseite schiebt, so überwindet auch die Maus (bzw. die Ratte) jedes Hindernis. Maus und Elefant verkörpern die Macht Ganeshas, jedes Hindernis auf dem Weg zur Erlösung zu beseitigen, mal nach Art der Elefanten, mal nach Art der Mäuse.

Mäuse ist aber auch eine umgangssprachliche Bezeichnung für Geld und als solches aus dem rotwelschen[26] Wort für Geld *Moos, Mous* abgeleitet (noch lebendig in *Ohne Moos nix los*), welches wiederum aus dem jiddischen *Moo* (Pfennig) entstanden ist. Auf diese Bedeutung zielt die traditionelle Interpretation der Karte 23 ab. *Wer den Pfennig nicht ehrt …*

In der Traumdeutung wird die Maus als Symbol der Macht und Ohnmacht des Unscheinbaren gewertet. Hier kann sowohl das Unbedeutende gemeint sein, wie auch das Un-Scheinbare, also das wirklich Wichtige. Anders gesagt weist die Maus im Traum darauf hin, sich mit dem scheinbar Unwichtigen auseinander zu setzen. Die Maus steht als Nagetier aber auch für das Nagen von Gedanken oder Gewissensbissen (nagender Zweifel).

In der Jung'schen analytischen Psychologie gilt die Maus als Seelentier, als Bild einer schwer fassbaren Realität, die mit Sexualität und Fruchtbarkeit zu tun hat. Die sexuelle Komponente der Maus-Symbolik als Sinnbild des Penis (die Maus, die ins Loch schlüpft) bzw. des weiblichen Venushügels ist vor allem in der volkstümlichen Tradition lebendig.

Das ambivalente Verhältnis zu Mäusen zeigt sich in der modernen Gegenwartskultur etwa in den einerseits umfangreichen Maßnahmen, den Schädling Maus zu beseitigen (Giftköder, ausgeklügelte Fallen etc.), und der positiven Besetzung der Maus etwa im Comic (Mickey Mouse, Tom & Jerry, Feivel, Speedy Gonzalez – die schnellste Maus von Mexiko), wo sie Geschick, Schläue und Schnelligkeit verkörpert, oder der verbreiteten Haltung von Renn- und Farbmäusen im heimischen Wohnzimmer. Die *Sendung mit der Maus* (und dem Elefanten, s.o.) ist neben der Sesamstraße die beliebteste Kindersendung des deutschen Fernsehens und mit ihren Sach- und Lachgeschichten auch für Erwachsene lehrreich und amüsant. Und dass das unentbehrliche kleine Handgerät, mit welchem man mühelos die komplexe Maschine Computer steuern kann, ausgerechnet Maus heißt, liegt sicher an der mausähnlichen Gestalt mit dem Verbindungskabel als Schwanz. Doch steht diese Maus auch für Geschicklichkeit, Modernität und

Mobilität. Vollends positiv besetzt ist die Maus in den liebevollen Kosewörtern für (Liebes-)Partner und kleine Kinder (Mausi, süße Maus, kleine Maus etc.). Früher, als die hygienischen Umstände noch nicht so gut waren wie heute, wurde mit der Maus nur Negatives verbunden, daher auch die einseitige traditionelle Deutung. Heute werden mit der Maus dagegen auch positive Aspekte verbunden.

Anregung

Es ist zum Mäusemelken mit diesen Mäusen, schier zum Verzweifeln. Da möchte man doch am liebsten einmal Mäuschen spielen, und heimlich erlauschen, was diese Mäuse uns eigentlich sagen wollen. Dass die Maus nur vor Diebstahl warnt, greift zu kurz. Da beißt keine Maus einen Faden ab. Dass man auf seine Mäuse (im Sinne von Geld) aufpassen muss, ist eine Binsenweisheit, die Sie aber gerade jetzt besonders beherzigen sollten.

Vor allem sollten Sie aber einmal in sich hinein horchen, ob etwas in Ihnen nagt, was über kurz oder lang zu Schäden jedweder Art führen kann, wenn Sie sich nicht rechtzeitig darum kümmern. In Krisensituationen sollten Sie sich auf ›Maus-Qualitäten‹ besinnen: Hindernisse erkennen, einschätzen und überwinden. Und was eine kleine Maus schafft, schaffen Sie doch auch, oder?

24 · Herz · Herz Bube

Pardon für das persönliche Statement: Aber wenn irgendwo der Kitsch regiert, dann in dieser Karte. Rote Herzen, umrankt von üppigem Geblüm, Rosen, Mohn, Vergissmeinnicht und Margeriten, gar zusätzlich umstrahlt und umwölkt von einer Heiligenaureole wie auf der Piatnik-Karte: ein erhebend rührseliger Blick ins Allerheiligste. Herz-Jesu-Bildchen aus dem Wallfahrtsidyll Maria Segen sind nichts dagegen. Diese Herzen gehen wahrlich zu Herzen!

Traditionelle Deutung

Schlüsselbegriffe: Liebe, Glück

… ein Zeichen der Freud, des Glücks und der Eintracht.

Diese Karte steht für Liebe und Zärtlichkeit, drückt Lebensfreude, Harmonie und Glück aus. Starke innere Kräfte stimmen optimistisch und dieser Optimismus strahlt auf andere aus.

Umgebungskarten und ihr Einfluss

Vorsicht wieder bei negativen Umgebungskarten. Die *Wolken*, Karte 6, verhüllen (Unklarheiten in der Liebe; soll ich – soll ich nicht) und verdüstern (Liebesprobleme) hier die Herzenswahrnehmungen. Karte 7 *Schlange* deutet auf Eifersucht und Neid hin oder auf eine ›falsche‹ Liebe, will sagen, man liebt nicht wirklich die Person als solche, sondern eher die Vorstellung, das Idol im Sinne von Trugbild, was man sich von dieser Person oder der gemeinsamen Beziehung gemacht hat. Auf Probleme in oder gar Beendigung einer Beziehung deuten die 8 *Sarg*, 10 *Sense* oder/und 36 *Kreuz* hin. Der *Berg*, Karte 21, deutet auf große Hindernisse in Sachen Liebe im Leben des Fragenden hin, vor allem wenn der *Berg* zwischen der Signifikatorkarte und dem *Herz* liegt.

Positiv wirkt sich Karte 25 *Ring* aus: Die Beziehung ist solide, tragfähig und dauerhaft. Liegt auch noch der *Anker*, Karte 35 nahe, dann ist eine Heirat nicht ausgeschlossen, wobei damit besonders der Treueaspekt betont wird. Noch heimlich ist die Liebe, wenn Karte 26 *Buch* in der Umgebung liegt.

Symbolgehalt / Moderne Deutung

Ohne Herz geht nichts – im realen, wie im übertragenen Sinne. Die symbolische Spannbreite kann hier kaum annähernd umrissen werden. Das Herz, als zentrales Organ des Gefäßsystems und ausdauernde Blutpumpe lebensnotwendig, gilt seit ehedem als Sitz des Lebensprinzips und der Seele, als Mitte des Menschen.

Im Buddhismus lebt das Bewusstsein im Herzen, das Alte Testament sieht im Herzen den Aufenthaltsort des wahren Wesens eines Menschen. In der christlichen Mystik, der Zeit zwischen Spätmittelalter und Barock, wird das Herz zum Sinnbild der himmlischen ebenso wie der irdischen Liebe. Die Herz-Jesu-Bildchen der christlichen Kitschindustrie sind ein Nachklang dieser Bedeutung.

Anders als in der späteren abendländischen Symbolik, wo das Herz neben den oben genannten Bedeutungen vor allem für das Emotionale, Seelische stand und steht, sah man im alten Ägypten das Herz als Sitz des Verstandes an, herzlos meinte dort vernunftlos.

Die heute weitaus populärere Funktion kann man in der volksmundlichen Worttriade *Herz – Schmerz – Terz* umreißen, was die Gemütsaffekte beschreibt, die ebenfalls dem Herzen zugeordnet werden: Liebe, Sehnsucht, Trauer, Wut und Eifersucht, kurz die ganze Palette der Emotionen zwischen absoluter, hingebungsvoller Liebe und abgrundtiefem, zerstörerischem Hass. Auch die Erotik findet sich im Herzen zumindest bildlich wieder: Die Busen-Rundungen eines typischen Herz-Zeichens bedürfen keiner weiteren Erklärung.

Versteinerte Herzen, ein beliebtes Märchenmotiv, stehen für Gefühllosigkeit und religiöse Abkehr von Gott, denn auch die religiösen Gefühle wohnen im Herzen.

Die unterschiedlichen Emotionen in Herzensangelegenheiten spiegeln sich in Redewendungen wie *etwas liegt mir am*

Carta Mundi

Piatnik

Lo Scarabeo

ASS

Herzen (positive Empfindung, etwas ist mir sehr wichtig) oder gegenteilig, mir liegt (lastet) *etwas auf dem Herzen* (negative Empfindung der Bedrückung). Womöglich *schneiden/treffen Sie jemanden mitten ins Herz*, wenn Sie eine Sache, die ihm wichtig ist, nur *halbherzig angehen.*

Die Rosen auf der Carta-Mundi- wie auf der Lo-Scarabeo-Karte betonen die Sinnbildlichkeit der Liebe. Sie stehen ebenso wie das Herz selbst für die göttliche und die irdische Liebe. Die rote Rose ist dabei zum Inbegriff des Liebessymbols geworden.

Keine Rosen, aber Mohn, Vergissmeinnicht und Margeriten zeigt die ASS-Karte. Damit werden eher die Leidensaspekte angesprochen: Vergissmeinnicht als Symbol für einen Abschied in Liebe und zärtliche Erinnerung. Mit dieser Blume ist eine schöne Sage verbunden, deren Essenz hier von Bedeutung ist: Ein Jüngling zog aus, um einen Schatz zu suchen. Zum Abschied gab ihm seine Geliebte ein Vergissmeinnicht. Beim Aufsagen des Zauberspruches unter gleichzeitigem Schwenken der Blume öffnete sich tatsächlich der Berg und gab seine Schätze frei. Voller Freude und Gier raffte er Gold und Silber, Juwelen und Edelstein auf, so viel er tragen konnte, und lief davon. Aus dem Berg rief es hinter ihm her: »Vergiss das Beste nicht, vergiss die Liebe nicht« – er hörte aber nicht darauf. Erst draußen, nachdem sich die Tore des Berges hinter ihm wieder geschlossen hatten, merkte er, dass er das Vergissmeinnicht vergessen hatte. Seither lebte er zwar reich, aber ohne Liebe.

Die Margerite steht für die Unentschlossenheit zur Liebe. »Er liebt mich, er liebt mich nicht, er liebt mich …« – Wer kennt es nicht, das Rupfblumenorakel.

Der Mohn schließlich steht für Liebesleid, Trost und Vergessen. Der Sage nach wuchs der Mohn aus einer Träne der Liebesgöttin Aphrodite, die um den verlorenen Geliebten Adonis weinte. Doch der Mohn (aus dessen Saft Opium gewonnen wird) lässt auch vergessen und so tröstete sich Aphrodite schnell in den Armen des Anchises.

Anregung

Wenn Sie sich entschlossen haben, etwas zu tun, dann tun Sie es aus vollem Herzen, sprich mit vollem Engagement, und tun Sie es von Herzen gern. Zeigen Sie in der aktuellen Situation, dass Sie das Herz auf dem rechten Fleck haben.

Wenn etwas Sie bedrückt, dann machen Sie aus Ihrem Herzen keine Mördergrube, reden Sie mit jemandem darüber, dem Sie vertrauen. Machen Sie Ihrem Herzen Luft. Nichts ist auf Dauer so schädlich für Körper und Geist wie ein permanenter Stein auf dem Herzen. Lassen Sie ihn los.

Gefühle müssen fließen wie das Blut durchs physische Herz. Wenn sie nicht mehr fließen, stockt Ihnen nicht nur das Blut, sondern eben auch das Herz. Und wenn Sie es schaffen, bei aller Rationalität Ihres Handelns immer auch Ihr Herz mitsprechen zu lassen, wenn sich Herz und Hirn also durchdringen, dann: Herz, was willst du mehr?

25 · Ring · Kreuz Ass

Alle Varianten außer ASS zeigen mehr oder minder aufwändig gestaltete Schmuckringe, durchweg aus Gold. Der Piatnik-Ring trägt einen blauen Edelstein, die Steine der anderen beiden sind nicht definierbar. Einzig die ASS-Variante zeigt einen relativ schlichten Ehering, zudem im Gegensatz zu den anderen noch in einem aufwändigen roten Klappetui präsentiert. Die anderen Ringe stehen entweder frei auf dem Untergrund (Piatnik) oder liegen auf Präsentiertableaus, wobei die Carta-Mundi-Darstellung perspektivisch derart verzerrt erscheint, dass das Tableau wie ein Bestandteil des Rings und dieser damit wie ein wuchtiger Klotz wirkt.

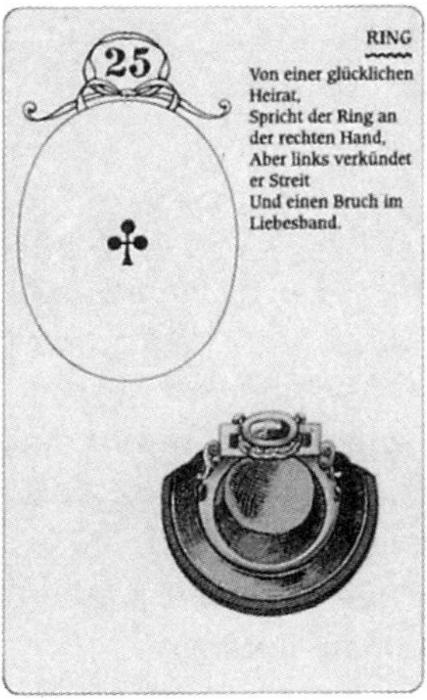

Carta Mundi

Piatnik

Lo Scarabeo

ASS

Traditionelle Deutung

Schlüsselbegriffe: Verbindung, Ehe

... auf der rechten Seite der Person zeigt eine glückliche Heirat an mit glänzender Mitgift, dagegen entfernt auf der linken Seite, bezeichnet er Bruch deiner Verlobung oder Trennung zweier Liebenden.

Der Ring steht immer für eine Verbindung, welcher Art auch immer. Dabei kann es sich um eine enge Beziehung, eine Verlobung oder eine Ehe handeln, aber auch um eine geschäftliche Verbindung.

In jedem Falle sollte man wissen, was man tut und mit wem man diese Verbindung eingeht. Lassen Sie sich beraten, um keine Fehler zu machen.

Umgebungskarten und ihr Einfluss

In der Nähe der Karte 3 *Schiff* kündet der Ring von einer Hochzeitsreise oder von gefestigten Geschäftsbeziehungen. Neben der 8 *Sarg* oder 10 *Sense* droht eine Scheidung bzw. endgültige Trennung. Liegt die 13 *Kind* nahe, so stehen die Chancen für eine neue Beziehung oder Verbindung gut. Der *Storch*, Karte 17, neben dem *Ring* kündigt Veränderungen an und wenn die *Fische*, Karte 34, nahe liegen, womöglich auch noch in Kombination mit 3 *Schiff*, dann sind die (Geschäfts-)Verbindungen finanziell sehr lukrativ.

Symbolgehalt / Moderne Deutung

Der Ring ist als geschlossener Kreis ohne Anfang und Ende ein Symbol der Ewigkeit. Daneben ist der Ring auch ein Zeichen für (eheliche) Verbindung, Treue und Zugehörigkeit zu einer Gemeinschaft. Ursprünglich war der Ring aus Eisen, später auch aus anderen Metallen eine spezielle Auszeichnung, die nicht jeder tragen durfte. Goldene Ringe durften z. B. nur Senatoren oder später Ritter tragen, eiserne Ringe waren ein Zeichen der niederen Stände. Verlust oder Zerbrechen eines Ringes bedeuten im Volksglauben Unheil oder auch in einem Trennungsritual symbolisch den Ausschluss aus einer Gemeinschaft bzw. die Aufkündigung einer Verbindung.

Aus dem Verlobungsring, mit dem ein Eheversprechen ›besiegelt‹ wurde, entwickelte sich der Siegelring, mit dem Urkunden und andere Dokumente beglaubigt wurden. In der christlichen Kirche haben die unterschiedlichen Ringe von Nonnen, Priestern, Bischöfen etc. neben einer Hierarchiebekundung die Symbolik einer Vermählung des Trägers mit der Kirche. Der Papst trägt jeweils den Fischerring, der mit der biblischen Szene (Lk 5, 4) des fischenden Petrus geschmückt ist. Nach dem Tode des Papstes wird sein Ring zerbrochen.

Mit Edelsteinen geschmückte Ringe dienten seit dem Mittelalter je nach verwendetem Stein als Amulette gegen Krankheiten und verschiedenste Zauber. Der Saphir im Piatnik-Ring steht in dieser Sicht für Treue und stärkt das Zusammengehörigkeitsgefühl in der Ehe. In der heutigen Edelsteintherapie wird der Saphir u.a. als Heilstein gegen stressbedingte und chronische Krankheiten, insbesondere der Stirn, der Nebenhöhlen, Ohren und Augen eingesetzt.

Ein Aspekt des Ringes, nämlich seine Endlosigkeit, die man auch als permanente Wiederholung betrachten kann, blieb bislang unbedacht. Der Kreis kann eben auch ein Sinnbild für die nicht enden wollenden Bemühungen sein, für Wiederholung, Festsitzen im Hamsterlaufrad. Und er ist ein Zeichen des immer währenden Strebens nach Vollkommenheit. Dass es auch noch den Ring gibt, in den man steigt, um Faustkämpfe auszutragen, sei nur am Rande erwähnt.

In der Traumdeutung wird der Ring als Zeichen für Bindungsbereitschaft und Verbundenheit gesehen. Er kann aber auch auf Eitelkeit hinweisen.

Ein anderer Aspekt des Ringes ist der der Offenheit, des Durchgangs. Inmitten des begrenzenden Ringmaterials ist es durchgängig, offen. Optimierung braucht Offenheit für Anregungen, Ideen, Neues.

Anregung

Ring frei, für eine neue Runde im Ringen um Optimierung, sei es auf privater oder geschäftlicher Ebene. Trauen Sie sich und tauschen Sie mit Ihrem Geliebten die Ringe. Beglaubigen Sie Ihre Beziehung. Fixieren Sie geschäftliche Verbindungen.

26 · *Buch* · *Karo 10*

Edle Bücher werden hier dargestellt, ledergebundene, mit Schließen und Metallbeschlägen geschmückte Folianten, wie sie heute (fast) gar nicht mehr produziert werden. Das ›gewöhnlichste‹ Buch ist noch das aufgeschlagene Carta-Mundi- Buch, das auffallenderweise keine Texte frei gibt, sondern Bilder, links eine Art Spiegel, recht eine Art Landschaft. Dieses Buch hält uns den Spiegel vor, mit dem wir die Landschaft unserer Seele erkunden können. Auf Grund dieser sprechenden Bedeutung wurde dieses Buch auch als Titelbild für das Buch ausgewählt, das Sie gerade lesen. Aufgeschlagen auf einem aufwändig geschnitztten Lesepult liegend, wie es in Kirchen oder Klöstern üblich war, wird ein mit Schließen und breiten Lesebändern mit daran befestigten runden Siegeln und/oder Gewichten dekorierter Kodex präsentiert. Die linke Seite zeigt einen unlesbaren, zweispaltig mit Initialen gedruckten Text, die rechte schwach erkennbar eine (Heiligen-)Figur mit einem aufgeschlagenen Buch (Piatnik).

Traditionelle Deutung

Schlüsselbegriffe: Geheimnis

... bedeutet ein Geheimnis, auf welches man je nach der Lage der Karten in seiner Umgebung schließen kann.

Die Karte steht für tiefere Einsichten auf geistigem Gebiet, aber auch für Geheimnisse, die man (vor anderen) hat oder wahren möchte bzw. die vor Ihnen verheimlicht werden. In letzterem Fall ist die Karte eine Warnung davor, dass in Ihrer Umgebung etwas ausgebrütet wird, was Sie nicht wissen oder wissen sollen.

Umgebungskarten und ihr Einfluss

Karte 24 *Herz* deutet auf eine heimliche Liebe hin. 22 *Wege* kündet von noch unbekannten Wegen, die jemand gehen muss.

Symbolgehalt / Moderne Deutung

Das Buch ist ein Symbol der Weisheit und des Wissens, kann natürlich aber auch auf spröde Gelehrsamkeit und skurrile, dem realen Leben entfremdete Lesergestalten, Büchernarren und bleichgesichtige Bücherwürmer verweisen. Wie jedes Symbol hat auch das Buch diese Ambivalenz. Schon früh wurde das Buch zum Sinnbild des Lebens. Das Buch des Lebens (dazu verschiedene Stellen in der Offenbarung des Johannes) ist einerseits Symbol für das Universum, andererseits wie der Lebensbaum Symbol für die Ganzheit des Menschen und die Totalität der göttlichen Entscheidungen. Dieses Buch mit seinen sieben Siegeln entschlüsselt alle Geheimnisse der Weltgeschichte. Die Vorstellung eines Buches, in dem die Schicksale aller Menschen auf- und vorgezeichnet sind, gibt es schon im frühen Orient.

Ähnliche Schlüssel-Bücher kennen die esoterischen Strömungen verschiedener Kulturen. So gilt in hermetischen Zirkeln das Buch Thot in Gestalt des Tarot als Symbol des gött-

Carta Mundi

Piatnik

Lo Scarabeo

ASS

lichen Geheimnisses, welches nur Eingeweihten zuteil wird. So weit wollen wir hier gar nicht gehen. Unser Ziel ist es erst einmal, die sieben Siegel unseres eigenen Lebens-Buches zu knacken. Zu erforschen, welche Geheimnisse wir in uns tragen, welche Talente, welche Wünsche, welche Ängste.

Wenn Sie von einem Buch träumen, sind Belesenheit und Klugheit im Spiel: Sie sollten sich mehr mit Ihrem realen Leben auseinander setzen. Das innere Wissen dazu finden Sie in sich selbst.

Anregung

Erscheint Ihnen Ihr Leben derzeit wie ein Buch mit sieben Siegeln? Warum fangen Sie nicht einfach noch mal auf Seite 1 an zu lesen und ›arbeiten‹ sich Kapitel für Kapitel durch das, was schon war, und freuen sich auf die noch kommenden Kapitel. Jedes Buch trägt eine eigene Welt in sich, ist eine eigene Welt, genau wie Sie selbst auch. Natürlich stehen Sie nicht allein da. Ein Buch steht auch in der Regel in einem Regal oder einer Bibliothek mit vielen anderen zusammen, so wie Sie in der Gesellschaft stehen. Und in der Bibliothek wie in der Gesellschaft kommt es auf jedes Buch bzw. jeden einzelnen Mensch mit seiner eigenen Welt an. Erst aus vielen Einzelnen entsteht das imposante große Ganze, sei es eine Bibliothek oder eine Gesellschaft der Individuen. Entdecken Sie diese eigene Individualität, Ihren Eigen-Sinn. Bestimmen Sie die Rolle, die Sie selbst in dieser Gesellschaft, in dieser Welt spielen wollen. Schreiben Sie womöglich einige Kapitel Ihres Lebensbuches um oder ganz neu, arbeiten Sie an Ihrem Lebensplan. Versuchen Sie jetzt und immer wieder, den eigenen Sinn, den Eigensinn, in Ihrem Leben zu finden. Warum sind Sie hier auf der Welt? Welchen Sinn hat bzw. welchen Sinn geben Sie Ihrem Leben? Fangen Sie bei sich selbst an, das ist schon schwierig genug.

27 · Brief · Pik 7

Ein Brief ist ein Brief ist ein Brief … Romantisch altmodisch so ein mit Siegellack verschlossenes Kuvert, dreifach gesiegelt sogar beim Carta-Mundi-Brief. Präsentiert auf einem Tablett, auf dem Küchentisch liegend oder einem runden Beistelltisch, oder gerade fertig geschrieben auf dem Schreibtisch wie auf der ASS-Variante. Weißes Kuvert, roter Siegellack, typische Briefe eben.

Traditionelle Deutung

Schlüsselbegriffe: Neuigkeiten

… bedeutet Glück, das uns durch entfernte angenehme Nachrichten zuteil wird, befinden sich dagegen dunkle Wolken nahe der Person, so hat sie durch den Brief vielen Gram zu erwarten.

Was steht in dem Brief? Positive oder negative Nachrichten? Welche Neuigkeiten uns erwarten, hängt gerade bei dieser Karte wesentlich von den Umgebungskarten ab.

Umgebungskarten und ihr Einfluss

In Kombination mit negativen Karten wie 6 *Wolken*, 7 *Schlange*, 5 *Baum*, 8 *Sarg* und/oder 10 *Sense* handelt es sich um schlechte Nachrichten.

Neben der Karte 1 *Reiter* enthält der *Brief* unerwartete Nachrichten über eine gute Beziehung (geschäftlich oder privat). Mit Karte 24 *Herz* und/oder 20 *Garten* steht der *Brief* für mögliche neue Kontakte oder für die Chance auf einen völligen Neubeginn im Leben.

Wichtig sind hier immer die Nachbarkarten, welche nähere Auskunft über die Art der Nachrichten geben.

Symbolgehalt / Moderne Deutung

Kaum eines der einschlägigen Symbollexika verzeichnet ein entsprechendes Stichwort. Der Brief ist weniger Sinnbild für etwas anderes, sondern ist primär das, was er ist: ein Mittel der Kommunikation. Und um Kommunikation, den Austausch von Nachrichten jedweder Art geht es ja auch hier. Dennoch steht er damit im übertragenen Sinne auch für Aspekte wie Austausch und Nähe, Verbindung zu einem anderen Menschen (oder auch zu seinem eigenen Inneren), für Kontakt mit der Außenwelt. In der Traumdeutung sieht man Briefe in der Regel als Botschaften, die noch nicht ins Bewusstsein durchgedrungen sind.

In der heutigen schnelllebigen Zeit stellen Briefe scheinbar einen liebenswerten Anachronismus dar: Ein Brief braucht Zeit. Bei der Entstehung, denn das (handschriftliche) Verfassen verlangt eine gewisse Muße und Konzentration der eigenen Gedanken, die Reflexion über das Geschriebene und die Überprüfung, ob der Adressat auch wirklich das verstehen kann, was man meinte. Beim Versand, denn ein Brief braucht mindestens einen Tag via Post zum Adressaten.

Ein Brief kann sogar ein Stückchen Literatur werden, wie die zahlreichen publizierten Briefwechsel mehr oder weniger berühmter Persönlichkeiten beweisen. Im Alltag tippt man mal schnell eine E-Mail: rasch in den PC geschrieben, häufig vor Rechtschreibfehlern strotzend, is' ja nicht so wichtig, Hauptsache, die ›Message‹ gelangt schnell von A nach B. So jedenfalls entsteht keine Literatur und meist auch keine persönliche Note in der zwischenmenschlichen Kommunikation. Ein handschriftlicher Brief gehört zur Entdeckung der Langsamkeit, der Gegenbewegung zur modernen Hektik und Zeitentwertung. Er fordert und fördert einen eigenen Stil, zwingt geradezu zu gestalterischen Überlegungen, wird zum urper-

Carta Mundi

Piatnik

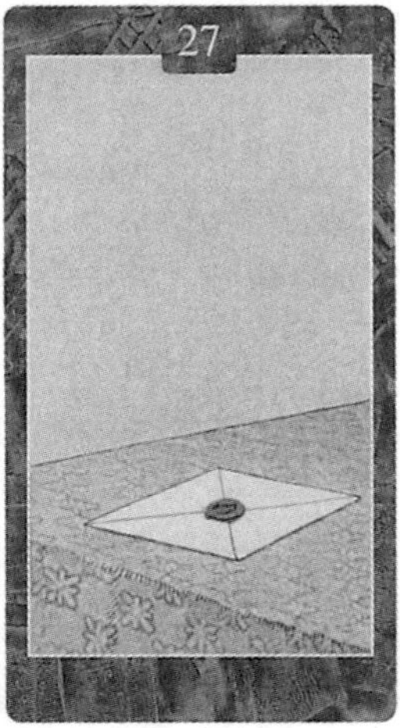

Lo Scarabeo

ASS

sönlichen Geschenk. *Ich schenke dir meine Gedanken auf veilchenduftendem Bütten.*

Anregung

Wann haben Sie das letzte Mal einen (Liebes-)Brief geschrieben? Denken Sie daran, wie sehr Sie sich selbst freuen, wenn ein hübsch gestalteter Brief in Ihrem Kasten liegt, handgeschrieben. Das lässt doch gleich Vorfreude und Spannung durchs Herz rauschen. Bereiten Sie anderen doch auch diese Freude. Kommen Sie heraus aus Ihrem Schneckenhaus und kommunizieren Sie mit Ihren Mitmenschen. Es wird höchste Zeit. Drücken Sie Ihre Wertschätzung ganz praktisch durch besonders ausgesuchtes Papier, passende Tinte und natürlich Ihre persönliche Handschrift aus.

Und warum nicht einmal einen Brief an sich selbst schreiben? Was wollten Sie sich immer schon mal sagen? Was gefällt Ihnen an sich, was nicht? Schreiben Sie an sich, als würden Sie einer guten Freundin oder einem guten Freuden eine Person beschreiben, die Sie so spannend finden, dass Sie mehr über diese Person herausfinden wollen. Eine wunderbare Übung der Selbstbetrachtung. Womöglich wird Ihnen so manches klar, was Sie bis dahin noch nicht an sich verstanden hatten. Aufschreiben bedeutet nämlich vor allem strukturieren, medial verständlich machen.

28 · Herr · Herz Ass

Wenn sich Modeerscheinungen in den Karten spiegeln, dann im Besonderen in den beiden Signifikatorkarten. Der dargestellte Herr ist jeweils der Mode der Entstehungszeit der Varianten entsprechend gekleidet (bzw. der vermuteten Entstehungszeit der Lenormand-Karten entsprechend), allerdings immer sehr elegant und vornehm, wie ein Herr eben und nicht

Carta Mundi

Piatnik

Lo Scarabeo

ASS

wie's Gescherr. Mit Zylinder und gelben Pantalons und blauem Rock erscheint der Herr auf der Piatnik-Karte wie ein Model für Empire-Mode. Im strengen braunen Einreiher mit Hut zeigt der Herr auf der Carta-Mundi-Karte die Mode des ausgehenden 19. Jahrhunderts. Im eleganten Stresemann mit schwarz-weiß gestreiften Hosen und Gamaschen repräsentiert der Lo-Scarabeo-Herr die gehobene Herrenmode der 1910er Jahre. Und die kantige Herrenmode der 1930er Jahre finden wir beim ASS-Herrn. Alle Herren posieren übrigens in betont lässiger Haltung in herrschaftlichem Ambiente (vor Freitreppe, im säulengeschmückten Park).

Traditionelle Deutung

Schlüsselbegriffe: Fragende männlich, Freund, Partner

... ist die herrschende Karte im Spiel, so wie die folgende Nr. 29, und zeigt uns das Glück oder Unglück der fragenden Person an.

Diese Karte steht für den männlichen Fragenden bzw. für einen guten Freund, Partner oder Ehemann.

Umgebungskarten und ihr Einfluss

Liegen die Karten 28 *Herr* und 29 *Dame* direkt nebeneinander oder sehr nah und mit den Gesichtern einander zugewandt, dann steht diese Konstellation für eine gute Ehe bzw. Liebesbeziehung. Zeigen sich die beiden Kartenfiguren den Rücken, dann drohen Missstimmungen in der Ehe bis hin zur Trennung oder Scheidung, zumindest aber ein Nebeneinanderherleben ohne ein vereinendes geistig-seelisches Band.

Neben Karte 8 *Sarg* oder 10 *Sense* drohen dem Fragenden Unannehmlichkeiten oder Frustrationen.

Liegen 28 *Herr* und 29 *Dame* zusammen und in direkter Umgebung mit Karte 13 *Kind*, dann steht diese Konstellation für eine glückliche Familie.

Symbolgehalt / Moderne Deutung

Der Mann steht in der Symbolkunde für Macht, Autorität und Herrschaft, insbesondere, weil in gewissen früheren Zeiten der Mann als der Frau überlegen und als Krone der Schöpfung angesehen wurde.

In der analytischen Psychologie steht der Mann für den Animus, also unsere männliche Seite, welche wesentlich von unserem Vaterbild geprägt ist.

Es werden in dieser Männer-Karte auch Aspekte des Herrschens, der Selbstbeherrschung und der Selbstbestimmung angesprochen.

Anregung

Wenn Sie diese Karte etwa als Tageskarte ziehen, sollten Sie sich mit Ihren männlichen Eigenschaften auseinander setzen. Was ist für Sie ein herr-liches Leben? Das gilt natürlich auch für Frauen. Setzen Sie sich mit Ihrem Vater bzw. mit dem Bild, welches Sie von Ihrem Vater haben, auseinander. Die Art und Weise, wie Ihr Vater mit Ihnen und der Welt umgegangen ist, hat Sie geprägt, so oder so. Wenn Sie sich dies bewusst machen, verstehen Sie eigene Handlungsweisen und Reaktionen besser. Denken Sie daran: Auch Väter sind nur Menschen. Billigen Sie ihnen auch im Nachhinein all das zu, was Sie selbst für sich fordern.

29 · Dame · Pik Ass

Die Damen stehen den Herren in Sachen Mode natürlich nicht nach, im Gegenteil. Die Piatnik-Variante zeigt eine zarte, in einen Hauch von Empire-Kleid gehüllte Dame mit Blumenstrauß im Park. Madame auf der Carta-Mundi-Karte trägt lässig an eine Mauerecke gelehnt ein sehr figurbetonendes rotes, bodenlanges Taillenkleid, dazu einen riesigen Muff

Carta Mundi

Piatnik

Lo Scarabeo

ASS

und einen üppig mit weißen Straußenfedern dekorierten Hut. Elegant und fast ein wenig scheu wirkt die Dame im weißen Kleid mit weißem, breitkrempigem Hut und Sonnenschirmchen auf der Lo-Scarabeo-Karte. Dagegen wirkt die Dame des ASS-Spiels in ihrem braunen 1930er-Jahre Mantelkleid mit gelbem Unterkleid fast ein wenig derb.

Traditionelle Deutung

Schlüsselbegriffe: Fragende weiblich, Freundin, Partnerin

... von der nähmlichen Wichtigkeit [wie Karte 28 Herr]; nach ihrer Lage im Spiel richtet sich alles.

Diese Karte steht für eine weibliche Fragende bzw. für eine gute Freundin, Partnerin oder Ehefrau.

Umgebungskarten und ihr Einfluss

Liegen die Karten 28 *Herr* und 29 *Dame* direkt nebeneinander oder sehr nah und mit den Gesichtern einander zugewandt, dann steht diese Konstellation für eine gute Ehe bzw. Liebesbeziehung. Zeigen sich die beiden Kartenfiguren den Rücken, dann drohen Missstimmungen in der Ehe bis hin zur Trennung oder Scheidung, zumindest aber ein Nebeneinanderherleben ohne ein vereinendes geistig-seelisches Band. Neben Karte 8 *Sarg* oder 10 *Sense* drohen dem Fragenden Unannehmlichkeiten oder Frustrationen. Liegen 28 *Herr* und 29 *Dame* zusammen und in direkter Umgebung mit Karte 13 *Kind*, dann steht diese Konstellation für eine glückliche Familie.

Symbolgehalt / Moderne Deutung

Die Frau verkörpert das weibliche, mütterliche, gebärende Prinzip. Sie ist diejenige, die *das Leben pflegt*. In patriarchalisch geprägten Gesellschaften wie der unseren galt (und gilt oft immer noch) das Weibliche als Gefahr und Bedrohung des Männlichen, welches sich als stärker und überlegen fühlt. Im Judentum, Islam und Christentum (in letzterem hat ein Umdenken eingesetzt, denken Sie etwa an weibliche Ministranten oder die Bischöfinnen der protestantischen Kirche) gilt die Frau z. B. als nicht amtsfähig, d. h. sie dürfen nicht Priesterinnen werden.

In der analytischen Psychologie symbolisiert die Frau das weibliche Prinzip, die Anima, die wesentlich von unserem Mutterbild geprägt ist.

Anregung

Wenn Sie diese Karte etwa als Tageskarte ziehen, sollten Sie sich mit Ihren weiblichen Eigenschaften auseinander setzen. Das gilt natürlich auch für Männer.

Wie sehen Sie sich als Frau, was erwarten oder wünschen Sie sich von sich selbst?

Setzen Sie sich mit Ihrer Mutter bzw. mit dem Bild, welches Sie von Ihrer Mutter haben, auseinander. Auch die Art und Weise, wie Ihre Mutter mit Ihnen und der Welt umgegangen ist, hat Sie geprägt, so oder so. Wenn Sie sich dies bewusst machen, verstehen Sie eigene Handlungsweisen und Reaktionen besser. Denken Sie daran: Auch Mütter sind nur Menschen. Billigen Sie ihnen auch im Nachhinein all das zu, was Sie selbst für sich fordern.

30 · Lilien · Pik König

Alle Karten zeigen weiße Lilien, was sonst. Bei Carta Mundi und Lo Scarabeo liegen Lilienstängel mit mehreren Blüten diagonal von links unten nach rechts oben auf neutralem Untergrund. Bei Piatnik und ASS ragen sie aufrecht stehend vor blauer Himmelskulisse von unten ins Kartenbild hinein.

Traditionelle Deutung

Schlüsselbegriffe: Unterstützung, Glück, Schutz

... bezeichnen ein glückliches Leben, mit Wolken umgeben, deuten sie auf Familienkummer. Liegt diese Karte über der Person, so deutet sie auf Tugend, unter derselben dagegen lässt sie Zweifel in ihre guten Grundsätze aufkommen.

Die *Lilien* verkünden in positiver Kartenumgebung ein angenehmes, glückliches Leben. Von negativen Karten umgeben können sie auf Disharmonien zu Hause oder in der Partnerschaft, auch auf Streit und Trennung hindeuten.

Umgebungskarten und ihr Einfluss

Liegen die *Lilien* nahe der Signifikatorkarte, dann darf sich der Fragende glücklich schätzen, er ist ein wahrer Glückspilz. Liegt Karte 4 *Haus* in der Nähe, stehen häusliche Streitereien, Kummer und eventuell sogar eine Ehescheidung oder Trennung ins Haus. In Kombination mit Karte 9 *Blumenstrauß* bedeuten sie ein angenehmes und glückliches Leben. Neben Karte 6 *Wolken* oder 7 *Schlange* warnen die *Lilien* vor falschen Freunden oder Ärger in der Beziehung. Zusammen mit Karte 25 *Ring* stehen die *Lilien* für eine glückliche Beziehung oder Ehe, die ein Leben lang hält.

Symbolgehalt / Moderne Deutung

Die Lilie ist ein uraltes, schon aus vorchristlicher Zeit in gleicher Bedeutung überliefertes Symbol. Sie steht für das Licht, die Reinheit, Keuschheit und Unschuld, für das Heilige, ist die Blume der Mondgöttin ebenso wie die Blume der Jungfrau Maria. Seit prähistorischer Zeit ist die Lilie das Attribut vieler Muttergöttinnen.

Insbesondere aber das Christentum erhob die Lilie zu höchsten symbolischen Weihen. Hier steht die Lilie neben den oben genannten Aspekten für die vollkommene Liebe, die in der Vereinigung von Gott und Mensch besteht. Kaum eine Heilige oder Märtyrerin, die nicht mit einer Lilie abgebildet wird, allen voran die Gottesmutter Maria. Im verbreiteten Mädchenvornamen Susanne lebt die Lilie unbemerkt im Alltag weiter. Susanne kommt vom hebräischen Shushan, was Lilie bedeutet (Legende von Susanna, die während ihrer Gefangenschaft im sündigen Babel ihre Keuschheit bewahrte; ein beliebtes Bildmotiv in der Malerei – Susanna im Bade).

In der Bergpredigt werden die Lilien als Beispiel für Gottvertrauen und als Indiz für die zu erwartende Herrlichkeit im Jenseits angeführt (Mt 6, 28 ff.). Dazu ist die Lilie in der christlichen Tradition auch ein Zeichen der Erwählung. Der Verkündigungsengel Gabriel etwa tritt mit einer Lilie in der Hand auf Maria zu, um ihr die Erwählung zur Mutter Jesu zu verkünden.

Allein ihre majestätische Erscheinung und erhabene Schönheit machten diese Blume zum Symbol. Sie wurde als überirdisch empfunden und als Fenster zum Göttlichen. Ähnliche ›natürliche‹ Erhabenheit wurde nur dem Lotos und der Rose zuteil. In ihrer Heimat Mesopotamien wurde die Pflanze selbst als heilig verehrt. Die ältesten Liliendarstellungen stammen von der Insel Kreta und lassen sich auf die Zeit um 3000 v. Chr. datieren, als Attribute der Muttergöttin Britomartis, die auch Göttin der Fischer, Seeleute und Jäger war. In Ägypten fand man Lilien als Flachreliefs auf Königssarkophagen aus der Zeit um 2500 v. Chr. und bis in die Gegenwart ist die Lilie Bestandteil königlicher Insignien.

Die französischen Könige etwa führten seit dem 8. Jahrhundert eine stilisierte Lilie, die Fleur-de-Lis, in ihrer Krone und seit 1179 auch in ihrem Wappen. In dieser Funktion sym-

Carta Mundi

Piatnik

Lo Scarabeo

ASS

bolisiert die Lilie das Herrschertum als solches, die Würde, das Recht und die Macht.

Der Unschuldsaspekt zeigt sich auch in etwas anderer Form im Volksglauben, der berichtet, auf den Gräbern unschuldig Hingerichteter wüchsen weiße Lilien. Im Volksglauben steht die weiße Lilie, insbesondere im westeuropäisch geprägten Raum, als Zeichen des Todes. Lilien werden daher bei Beerdigungen ins Grab geworfen oder zieren den Sarg. Anders in Osteuropa, wo Lilien gerne in Hochzeitssträußen verwendet werden.

In manchen Lenormand-Handbüchern wird auf einen erotischen Aspekt der Lilie verwiesen, der womöglich aus dem phallisch erscheinenden Stempel der Blüte abgeleitet wird. Der Sage nach hat die Lilie diesen Blütenteil der Liebesgöttin Aphrodite zu verdanken, welche das Gewächs wegen seiner unschuldsvoll-reinen Erscheinung geradezu hasste und es deshalb mit einem an einen Eselsphallus erinnernden Stempel ›verunstaltete‹. Wenn schon die Göttin der Liebe diese Pflanze hasst, wie soll sie Erotik verkörpern? Und wirkt nicht die reine weiße Blüte kühl und frostig, geradezu abweisend in ihrer Vollkommenheit?

Anregung

Lilien bringen einen Widerschein des Absoluten und Schönen in diese Welt. Sie sind zu schön, um wahr zu sein.

Wozu regt diese Karte als Tageskarte an? Erfreuen Sie sich an der Schönheit des Lebens. Das Schöne, Erhabene und Göttliche anzustreben, ist eine Herausforderung, ein unerreichbares Ziel, immer wieder Anstoß für die eigene Kreativität. Der Aspekt der Reinheit kann auch eine ganz praktische Bedeutung haben: Reinigen Sie sich von unschönen, unangenehmen Dingen oder Gedanken, die Sie belasten. Machen Sie reinen Tisch mit sich und anderen.

31 · Sonne · Karo Ass

Ob ein wenig wolkenverhüllt über dem Gebirge (Carta Mundi und Lo Scarabeo), sonnig-klar über goldgelbem, mohngerahmtem Sommergetreidefeld (ASS) oder in diffuser Abendstimmung schwer über dem Meer hängend (Piatnik): Die Sonne strahlt und strahlt und strahlt.

Traditionelle Deutung

Schlüsselbegriffe: Optimismus, Motivation, Lebenskraft, Glück

... nahe, erleuchtet mit ihren Strahlen und lässt das Glück erblühen, aber fern erkaltet sie, bringt Entmutigung in allen Unternehmungen und bereitet Trübsal.

Ein sonniges Gemüt, Optimismus, einen gefestigten Charakter, das verspricht diese Karte. Wie groß die Schwierigkeiten auch sind, lassen Sie den Kopf nicht hängen. Gehen Sie immer auf der Sonnenseite des Lebens.

Umgebungskarten und ihr Einfluss

Liegt sie weit weg von der Signifikatorkarte, dann erfüllen sich Erwartungen nicht oder nicht so, wie man sich das vorgestellt hat. Liegen die Sonne und Karte 6 *Wolken* in unmittelbarer Nähe, dann wird Ihr Optimismus auf eine Probe gestellt. Liegt die Sonne in der Nähe, wird alles gut. In Kombination mit Karte 4 *Haus* kündet die Sonne von häuslichem Frieden und familiärer Harmonie, mit dem *Brief* (Karte 27) sind gute Nachrichten zu erwarten. Zusammen mit 24 *Herz* und/oder 25 *Ring* steht es gut um Liebe und Partnerschaft. Beides gibt Ihnen viel Kraft. Karte 34 *Fische* neben der Sonne deutet auf eine gute finanzielle Situation.

Symbolgehalt / Moderne Deutung

Die Himmelskörper zählen zu den Ursymbolen überhaupt und das gilt für fast alle Kulturen dieser Erde. Was Wunder, sind die Gestirne doch tagtäglich sichtbare Zeichen des Überirdischen. In vielen Religionen war die Sonne göttlich, sei es als physisch existenter Gott oder als Personifikation eines von Gott gelenkten Wesens (z. B. altes Ägypten, Mithraskult, Shintoismus) oder als Erscheinungsform eines Gottes.

Die Sonne ist Mittelpunkt und energetischer Motor unserer Galaxie. Die Gleichung Sonne ist Leben gilt für alles Irdische. Ohne Sonne gäbe es kein Leben auf unserem Planeten. Der scheinbare Umlauf um die Erde (tatsächlich ist es ja anders herum, es kommt halt immer auf den Standpunkt an) wurde schon in frühesten Zeiten zur Grundlage von Kalendersystemen. Die Sonne steht untrennbar in Verbindung mit Licht, Wärme und dem Element Feuer und gilt als lebensspendendes Prinzip. Sie symbolisiert auch die Fruchtbarkeit, Erneuerung und Wiederauferstehung, bedingt durch ihren täglich Auf- und Untergang. Weil sie alles gleichmäßig bescheint und ihre Strahlen die Dinge erkennbar machen, gilt sie auch als Zeichen der Gerechtigkeit und Aufklärung. Als Symbol der Unsterblichkeit finden wir den Sonnenkranz als Nimbus (Heiligenschein) in zahllosen Christus- und Heiligendarstellungen.

Ähnlich wie Mann und Frau stehen Sonne und Mond für das männliche bzw. weibliche Prinzip. Die deutsche Sprache verwirrt da etwas, denn *die* Sonne (grammatisch weiblich) verkörpert das männliche Prinzip, *der* Mond (grammatisch männlich) dagegen steht für das weibliche Prinzip. Nach alter Tradition werden mit der Sonne Begriffe wie väterliche Autorität, Ruhm und Sieg, Willenskraft und Vitalität in Verbindung gebracht. Je nach Stand der Sonne in einem Tierkreiszeichen wird das astrologische Sonnenzeichen fixiert. Der

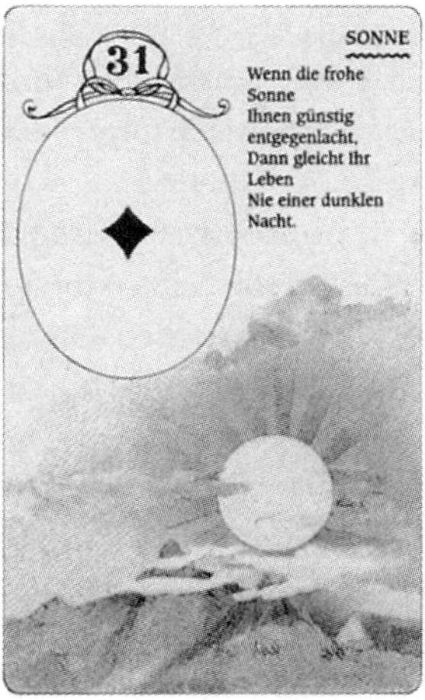

Carta Mundi

Piatnik

Lo Scarabeo

ASS

astrologische Löwe z. B., Feuerzeichen und typisches Zeichen der Sonne, wird mit ähnlichen Begriffen assoziiert wie die Sonne selbst. In der Traumdeutung signalisiert eine Sonne schöpferische Energie und Bewusstsein.

So positiv wir in den nördlichen Breiten die Sonne als Wärmebringer, Lichtbringer und Schönwetter-Stern bewerten, sie hat auch negative Aspekte: Dürre, Trockenheit und infolge davon Hunger in etlichen Gegenden der südlichen Halbkugel. Und noch einen negativen Aspekt hat die Sonne: Wenn man mit ungeschützten Augen in sie hineinschaut, wird man blind.

Anregung

Man macht Heu, wenn die Sonne scheint. Nutzen Sie also Chancen, wenn sie sich ergeben. Vertrauen Sie in der aktuellen Situation auf Ihre Lebensenergie, Ihre Willenskraft und bleiben Sie optimistisch, auch wenn ein Wölkchen am Himmel erscheint. Tragen Sie Sonne im Herzen! Gehen Sie bewusst durch die sonnenhelle Welt und entdecken Sie deren Schönheiten. So wie die Sonne der energiespendende Mittelpunkt unseres Sonnensystems ist, so gilt es auch für Sie, aus Ihrer Mitte heraus zu leben.

32 · Mond · Herz 8

Einmal etwas wolkenverhangener Vollmond (Piatnik), zweimal abnehmender Mond, einmal über nächtlicher Moorlandschaft (Lo Scarabeo), einmal über einer urbanen Dächerlandschaft mit italienischem Flair (ASS), und schließlich einmal zunehmender Mond über Steilküste auf der Carta-Mundi-Karte: Außer dem Neumond sind alle Erscheinungsformen unseres Erdtrabanten erfasst.

Traditionelle Deutung

Schlüsselbegriffe: Anregung, Unterbewusstsein

... ein Zeichen von großen Ehren, wenn sich diese Karte an der Seite der Person befindet, dagegen bedeutet er Trübsal, wenn sie entfernt liegt.

Umgeben von positiven Karten kann der Mond auf eine herausgehobene Position hinweisen, die man einnimmt bzw. in die man hineingestellt wird. Sie erfahren Protektion oder werden gar sehr berühmt. Bleiben Sie dann aber auf dem Teppich und wägen Sie Chancen und Schwierigkeiten gut gegeneinander ab.

Umgebungskarten und ihr Einfluss

Entfernt von der Signifikatorkarte zeigt der Mond an, dass die eigenen Bemühungen von anderen nicht anerkannt werden. In unmittelbarer Nähe zur Signifikatorkarte hingegen erfährt man Anerkennung. In welchem Bereich genau, sagen die anderen Umgebungskarten. Der 35 *Anker* in der Nähe verweist z. B. auf Anerkennung im Beruf, in Kombination mit Karte 18 *Hund* erleben Sie Bestärkung in einer Freundschaft, mit Karte 25 *Ring* in einer festen Bindung.

Symbolgehalt / Moderne Deutung

Vieles, was zur allgemeinen Symbolik der Sonne bei Karte 31 gesagt wurde, gilt auch für diese Karte, den Mond. Auch die regelmäßigen Rhythmen des aufgehenden und untergehenden Mondes wurden in frühesten Zeiten zur Grundlage von (Mond-)Kalendern. Unser Wort Monat geht auf den Mond zurück, umreißt ein Monat zeitlich doch in etwa einen Mondzyklus, d. h. die Zeit zwischen zwei Neumonden.

Dass in den letzten Jahren eine Rückbesinnung auf alles Lunare eingesetzt hat, zeigen die zahllosen Bücher und Kalender zum Mond, die zu Bestsellern im Buchhandel geworden sind. Dahinter steckt zum einen die Erkenntnis, dass traditionelles Wissen auch und gerade heute weiterhelfen kann, und zum anderen das Bedürfnis nach Rückbindung an natürliche Lebenszyklen. Auch die Popularisierung paganistischer Weltanschauungen wie die der Hexen, Druiden etc., welche in ihren Lehren großes Gewicht auf die traditionellen Überlieferungen legen, mag ein Faktor sein.

Ähnlich wie Mann und Frau stehen Sonne und Mond für das männliche bzw. weibliche Prinzip. Die deutsche Sprache verwirrt da etwas, denn *die* Sonne (grammatisch weiblich) verkörpert das männliche Prinzip, *der* Mond (grammatisch männlich) dagegen steht für das weibliche Prinzip. Darin spiegelt sich der enge Zusammenhang zwischen Mondzyklus und weiblichem Zyklus. Damit wird der Mond auch mit Fruchtbarkeit, mit Regen und mit allem Werden und Vergehen in Verbindung gebracht. Der Mond (auch sprachlich in den meisten Kulturen weiblich, z. B. *la luna*) ist das Sinnbild für das Milde, Weibliche, passiv Fruchtbare, Empfänglichkeit, aber auch das Unbewusste. Die unterschiedlichen Gestalten des Mondes während seiner Phasen machten ihn zum Symbol der Wandlung und des Wachstums.

Anregung

Als Tageskarte gezogen regt der Mond an, sich seiner emotionalen Seite und seinen seelischen Bedürfnissen zuzuwenden. Brauchen Sie nicht wieder einmal ein paar Streicheleinheiten? Wie sieht es bei Ihrem Partner damit aus? Ein gemeinsames Candle-light-Dinner mit romantischer Musik – wie lange haben Sie das schon nicht mehr gemacht?

Männer sollten ihre unbewussten weiblichen Aspekte erforschen, Frauen ihr Selbstverständnis als Frau betrachten. In einer aktuellen Krisensituation sollten Sie eher aus dem Bauch heraus, also gefühlsmäßig handeln.

Carta Mundi

Piatnik

Lo Scarabeo

ASS

33 · Schlüssel · Karo 8

Im wahrsten Sinne des Wortes eine Schlüsselkarte! Abgebildet werden auf allen Varianten Bartschlüssel, die von relativ schlichter, dennoch kunstvoller Gestaltung (ASS, Lo Scarabeo) bis hin zu aufwändiger Ziselierung und filigraner Griffornamentik Idealtypen des Schlüssels zeigen.

Traditionelle Deutung

Schlüsselbegriffe: Neubeginn, innere Werte, Sicherheit

... nahe gelegen, bezeichnet das gewisse Gelingen einer Sache, entfernt aber das Gegenteil.

In der Nähe der Signifikatorkarte gelegen, zeigen sich Möglichkeiten, jetzt viele Türen zu öffnen. Wenn es gelingt, dann erfüllt sich so mancher Wunsch. Neue Unternehmungen kommen zu einem guten Erfolg.

Der Schlüssel steht auch für Talente, die man nun zu entdecken und zu entfalten die Chance hat. Solche Talente sind wertvoller als jeder materielle Schatz.

Weit weg von der Signifikatorkarte drohen Schwierigkeiten und Fehlschläge. Trotzdem nicht mutlos werden!

Umgebungskarten und ihr Einfluss

Nahe an der Karte 4 *Haus* kündigt der *Schlüssel* einen Umzug an. In Kombination mit Karte 6 *Wolken* oder Karte 8 *Sarg* droht Jobverlust auf Grund Bankrott der Firma.

In Kombination mit der Karte 8 *Sarg* in der Nähe der Signifikatorkarte liegend, kann auch der Verlust einer Liebe angezeigt sein.

Symbolgehalt / Moderne Deutung

Überall auf der Welt und in allen möglichen Lebenssituatio-

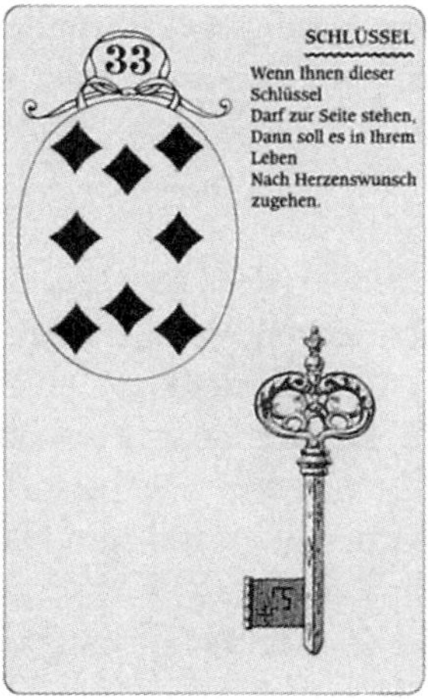

Carta Mundi

Piatnik

Lo Scarabeo

ASS

nen vollziehen sich Dinge nach dem Schlüssel-Schloss-Prinzip. Passt der Schlüssel ins Schloss, geht dieses auf oder zu! Antikörper im Blut, Enzyme, Männlein – Weiblein, Blüte – Kolibri oder Insekt, um nur einige wenige zu nennen. Ohne den richtigen Schlüssel geht es nicht weiter!

Der Schlüssel ist ein Symbol der Macht, der Löse- und Bindegewalt. Ob Kerkermeister, Schatzmeister, Novizenmeister, Kellermeister: Alle Meister haben Meisterschaft auf Grund eines passenden Schlüssels und sie können so Macht über andere ausüben. In früheren Jahrhunderten trug beispielsweise die Haus-Herrin demonstrativ den Schlüssel zum Haus und zur Vorratskammer am Gürtel, Zeichen ihrer Schlüsselgewalt als Chefin von Haushalt und Küche. Nur sie hatte den Zugang zu Wäschetruhen und Vorratsschränken.

Die vielleicht berühmtesten Schlüssel, nämlich die zum Himmel, hütet Petrus, der Himmelpförtner, der die *Schlüsselgewalt* innehat, also eine *Schlüsselposition* für unser Seelenheil einnimmt. Die Himmelsschlüssel (nicht die gleichnamigen Frühlingsblumen!) öffnen das Tor zu ewigen Seligkeit.

Die Schlüssel im Wappen des Papstes (einer in Gold, einer in Silber, unter der Tiara gekreuzt) stehen für die Binde- (Gold) und Lösegewalt (Silber) des Papstes als Stellvertreter Christi auf Erden. Eine der bedeutsamsten und, weil von so viel Geheimhaltung umgeben, auch spannendsten kirchlichen Schlüsselsituationen ist das Konklave zur Wahl eines neuen Papstes. *Con clave*, also mit dem Schlüssel zu einer bestimmten Tür, werden die Kardinäle in der Sixtinischen Kapelle eingeschlossen und völlig von der Außenwelt abgeschottet, bis sie sich auf einen neuen Papst geeinigt haben. Erst dann kommt wieder der Schlüssel zum Einsatz und öffnet den Papstwählern und dem neuen Papst den Weg zurück aus der Entrückung, die *ausschließlich* ein Ziel hatte, in die Welt.

Binden und lösen. Mit einem Schlüssel kann man einschließen, wegschließen, oder gänzlich abschließen, also etwas oder jemanden aus seiner Reichweite, seiner Umgebung, seinem Leben mehr oder minder dauerhaft entfernen. Schließen und Schluss machen: Nur möglich mit dem richtigen Schlüssel. Wer die Stadtschlüssel übergibt (im Mittelalter eine faktische Rechtshandlung, heute symbolisch), erteilt entweder weit reichende Vollmachten oder er kapituliert vor seinen Eroberern, seien diese nun siegreiche Kriegerheere oder närrische Altweiber im Karneval.

Man kann mit einem Schlüssel vieles erschließen, eröffnen, sich oder anderen, real oder im übertragenen Sinne. Der Schlüssel ist auch z. B. ein Lösungsverfahren oder ein Erklärungshandbuch zum besseren Verständnis des Gegenstandes. Dies Buch hier ist ein solcher Schlüssel zum besseren Verständnis der Lenormand-Karten, so wie ein Symbollexikon der Schlüssel zum Verständnis der Symbole sein kann. In der esoterischen Symbolik steht der Schlüssel, bzw. der Besitz des richtigen Schlüssels, für den Zustand der Einweihung.

In Japan gilt der Schlüssel als Glückssymbol, weil er die Reiskammer öffnet, aber auch im übertragenen Sinne die verborgenen Schätze im Innern des Menschen aufschließt.

Im Märchen steht der Schlüssel als Symbol für den erschwerten Zugang zu einem Geheimnis (man muss sich erst auf vielerlei Umwegen und unter Bestehen von großen Gefahren den passenden Schlüssel verschaffen, ehe man als eifriger Prinz oder glücksbestrahlter Bauernsohn das Geheimnis lüften kann). Dieses Geheimnis kann auch ein erotisches sein, denn das Schlüssel-Schloss-Prinzp gilt ja auch in der zwischenmenschlichen Beziehung. Diese erotische, genauer sexuelle, Komponente spiegelt sich in den früheren ›Zunftschildern‹ der Prostituierten wieder, welche mit einem großen Schlüssel darauf die Bordelle markierten.

In der modernen Traumdeutung steht der Schlüssel für Zugang, Verantwortung, Verfügungsrecht und Autonomie. Und er steht für die richtige Einstellung. Negativ gedeutet kann er auch »sich verschließen« heißen, sprich Angst zu haben z. B. vor Beziehungen. Nach Freud ist der Schlüssel ein Phallussymbol und wenn im Traum ein Schlüssel in ein Schloss geschoben wird, steht dies für vollzogenen oder gewünschten Geschlechtsverkehr.

Im Schlüssel finden sich bestimmte symbolische Aspekte, die auch in der Symbolik der Tarotkarte XII-Der Gehängte prägnant sind. Schon die Optik dieser Karte erinnert an einen Schlüssel und tatsächlich geht es in dieser Tarotkarte um Schlüsselqualifikationen wie Leidenschaft, eigener Wille, eigener Standpunkt und Glaube. Betrachten Sie einmal diese Karte z. B. aus dem Tarotdeck von A.E. Waite und lesen Sie ggf. in einem guten Handbuch etwas zur umfassenden Deutung nach. Das könnte Sie jetzt einen großen Schritt voranbringen.

Anregung

Wichtig ist die symbolische Doppelsinnigkeit des Schlüssels, seine Schließ- und seine Öffnungsfunktion. In welcher Situation Sie auch gerade immer stehen, den Schlüssel zur Lösung finden nur Sie und Sie finden ihn auch nur in sich selbst. Oder anders gesagt: Sie selbst sind der Schlüssel. Ihre Individualität, Ihre Einstellung, Ihr Wesen. Betrachten Sie die Angelegenheit einmal von der anderen Seite. Meistens hilft es schon, wenn Sie nur ganz präzise und konkret eine Frage formulieren, die das Problem umreißt, und schon öffnet sich eine Tür, einer neuer Zugang.

Besinnen Sie sich auf Ihre Talente, Ihre ureigenen Fähigkeiten. Erschließen Sie sich Ihre Talente, entwickeln Sie sie und nutzen Sie sie. Seien Sie offen für Neues und lassen Sie sich von Hindernissen und gelegentlichen Misserfolgen nicht unterkriegen. Innere Werte zählen weit mehr als äußere. Letztere sind vergänglich, erstere nicht!

34 · Fische · Karo König

Nahe liegenderweise sind auf allen Karten Fische im Wasser abgebildet. Doch so vielfältig die Unterwasserwelt ist, so unterschiedlich sind auch die dargestellten Wasserbewohner. Exotische Riffbewohner noch am ehesten, vor Korallen, Schwämmen und Atollhintergrund, schwimmen bizarre Fische auf der Piatnik-Variante. Dorsche oder Ähnliches tummeln sich im großen Schwarm auf der Lo-Scarabeo-Karte im offenen Meer. Offenbar vertraute Heringe sind es im tiefen Meergrün der ASS-Variante. Zwar Meeresbewohner, allerdings keine Fische sind die in der Brandung springenden Delphine der Carta-Mundi-Karte. Doch spielen gerade diese ›Engel der Meere‹ für den Menschen eine wichtige (symbolische) Rolle, insbesondere für Seeleute, worauf das abgebildete Segelschiff verweist. Interessant ist die Farbgebung, denn die bräunlich-beigen Farben der rechten unteren Bildecke erinnern an einen Sandstrand, auf dem sich die Wellen idyllisch brechen, aber auch der arme Delphin gerade strandet, was tödlich für ihn enden kann.

Traditionelle Deutung

Schlüsselbegriffe: Einsicht, Überfluss

… bedeuten die Erwerbung eines Vermögens zur See und eine Reihenfolge glücklicher Unternehmungen, entfernt aber sind sie die traurigen Botschafter, dass die schönsten Pläne misslingen.

Nahe bei der Signifikatorkarte kündigt diese Karte eine tiefe Einsicht in geistig-seelische Angelegenheiten an. Pflegen Sie

Umgang mit Menschen, mit denen Sie auf einer Wellenlänge sind.

Umgeben von negativen Karten können Unruhe und Streitereien drohen. Umgekehrt kommen Glück und Reichtum, wenn die Fische von positiven Karten umgeben sind. Auf der konkreten Ebene rät die Karte in der Nähe der Signifikatorkarte, sich mit Wassersport (Segeln, Surfe, Schwimmen o.ä. zu beschäftigen.

Umgebungskarten und ihr Einfluss

Kombiniert mit der Karte 3 *Schiff* kündigen die *Fische* eine weite Reise an, die spirituelle Ziele hat.

Karte 32 *Mond* in der Nähe kündigt eine finanzielle Anerkennung (Gratifikation, Sonderzulage o.ä.) an. Die *Mäuse* dagegen (Karte 23) neben den Fischen lassen Geldverluste befürchten. *Fische* in Kombination mit 6 *Wolken* und/oder 7 Schlange deuten auf unklare Finanzangelegenheiten hin.

Symbolgehalt / Moderne Deutung

Fische sind vielen Menschen eher fremde, geheimnisvolle Wesen. Man kann sie nicht streicheln, sie sehen nicht unbedingt ›niedlich‹ aus, entsprechen so gar nicht unserer Lebenswelt: Holt man sie nämlich aus ihrem Element (Wasser) in unser Element (Luft), sterben sie ebenso wie wir, wenn wir längerfristig ohne technische Hilfsmittel in ihre Lebewelt eintauchen. Dennoch ist das Urelement Wasser für uns mindestens so wichtig wie für die Fische, die als Wasserbewohner direkt in Verbindung mit der kraftvollen Symbolik dieses Elements stehen. Wasser bedeutet Seele und Lebenskraft, spirituelle Tiefen und unbewusste Sphären. In Gestalt der Fische kommen die Kräfte des Unbewussten, etwa im Traum, aus unseren eigenen unbewussten Tiefen empor und werden sichtbar, können gefangen, sprich begriffen und verstanden

Carta Mundi

Piatnik

Lo Scarabeo

ASS

werden. Kurz: Fische sind Boten aus der verborgenen Welt der Seele und der Gefühle. *Ich fühle mich wohl wie ein Fisch im Wasser* – diese Redensart kommt immer dann zur Sprache, wenn sich der Sprecher rundum gut und zufrieden, sich im Einklang mit sich und seiner Umwelt fühlt.

Der Fisch ist ein uraltes, weltweit verbreitetes Sinnbild des Wassers selbst und zugleich ein Symbol für das Leben und die Fruchtbarkeit, aber auch der Weisheit (etwa in der irisch-keltischen Mythologie der Lachs oder Salm der Weisheit).

Dass der Fisch in der christlichen Tradition als Symbol und Erkennungszeichen der Christen steht, ist zwar klar und anerkannt, woher aber gerade der Fisch diese Funktion bekommen hat, ist durchaus umstritten. Vermutlich hängt dies mit der christlichen Taufe zusammen. In der Bibel tauchen Fische häufig auf. Einige der Apostel, darunter Petrus, waren von Beruf Fischer und bei der wundersamen Speisung der Fünftausend (Mt 14,12–21) wurden Brot und Fische verteilt, deren Vorrat sich nicht erschöpfte. In dieser Sicht steht der Fisch auch als Symbol für die geistige Nahrung (zusammen mit Brot auch als Sinnbild für die Eucharistie).

Die Psychoanalyse (Freud) sieht den Fisch als Zeichen der männlichen Sexualität. C. G. Jung (analytische Psychologie) sieht den Fisch dagegen eher als Symbol der Ganzheit, im Traum etwa als Zeichen für die ganze Persönlichkeit des Träumenden, besonders aber seiner Sexualität. Und Fische sind, wie oben schon geschildert, aus den Tiefen des Unbewussten aufsteigende Ahnungen, Gedanken, Botschaften. Fische symbolisieren einerseits verborgene Probleme, andererseits aber auch Schätze, Kostbarkeiten des Unbewussten, die es zu entdecken gilt.

Dass hier Fische für Überfluss stehen, erklärt sich aus der Entstehungszeit der Kartenmotive. Im 19. Jahrhundert schienen die Weltmeere unerschöpfliche Nahrungsreserven an

Fisch zu beherbergen. Heringe, in manchen europäischen Gegenden auch der Lachs, galten als Armeleuteessen. Es gab reichlich davon. Das sieht in der heutigen Zeit der hoffnungslosen Überfischung der Meere ganz anders aus. Fisch wird zunehmend ein knappes und damit teures Lebensmittel. Von Überfluss kann nur noch bedingt die Rede sein.

Anregung

Haben Sie endlich einen dicken Fisch geangelt? Wunderbar, freuen Sie sich über Ihren Erfolg. Werden Sie jedoch nicht oberflächlich, beachten Sie auch die Botschaften Ihres Unbewussten, Ihre Träume. Wahrer Reichtum kommt von innen, heißt es zu Recht. Erst wenn Sie sich wie ein Fisch im Wasser fühlen, haben Sie diesen Wohlstand erreicht.

Als Tageskarte rät diese Karte zu Folgendem: Beschäftigen Sie sich mit Ihren seelischen Bedürfnissen, mit Glaubensfragen. Sie suchen Antworten, also Butter an die Fische! Oder wie sagt ein altes niederländisches Sprichwort: Wer schläft, fängt keine Fische! Werfen Sie Ihr Netz aus und fangen Sie die Ahnungen und Gedanken, die das Unbewusste Ihnen in Träumen, Kartenauslagen etc. schickt. Heben Sie dabei aber nicht zu sehr ab, denn nicht jeder Fisch in der Wolga ist ein Stör, will sagen, vermuten Sie nicht hinter jedem umgefallenen Blumentopf ein Zeichen. Manchmal hat auch wirklich nur die Schwerkraft gesiegt.

35 · Anker · Pik 9

Abgebildet wird auf den meisten Karten die typische Ankerform: Stockanker mit Schaft, zwei Flunken und dem Stock oder Schwammholz (Querbalken) unter der Kettenöse, dem Ring. Die Piatnik-Variante zeigt einen dreiarmigen Anker (eine Variante des sonst vierarmigen Draggens) mit Ringen

Carta Mundi

Piatnik

Lo Scarabeo

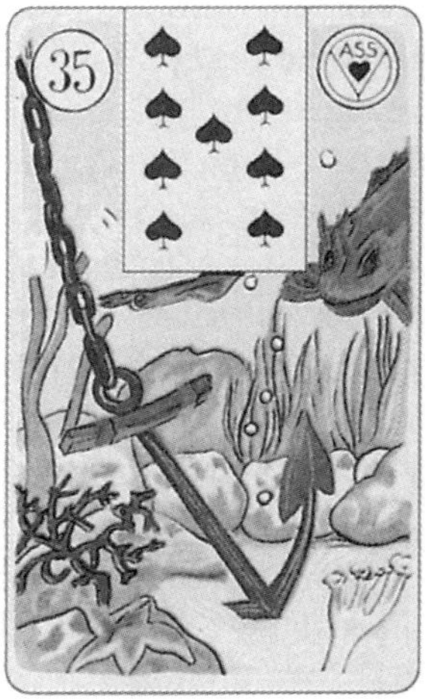

ASS

am Schaft und am Kreuz, der Ankerunterseite, wo die Arme sich kreuzen. Zwei Karten zeigen den Anker in seiner Funktion, nämlich unter Wasser in den Meeresboden eingegraben ein Schiff haltend (Lo Scarabeo und ASS), zwei Varianten zeigen den Anker am Meeresufer auf dem Trockenen.

Traditionelle Deutung

Schlüsselbegriffe: Sicherheit, Stabilität, Treue, Hoffnung

... ist die Vorbedeutung eines glücklichen Unternehmens auf See, großen Vorteils im Handel und einer treuen Liebe, aber entfernt bedeutet er Leichtsinn und Flatterhaftigkeit.

In positiver Umgebung verspricht der *Anker* ein langes, glückliches Eheleben und Wohlstand. In Kombination mit negativen Karten drohen Schwierigkeiten in einer Beziehung, von der man sich innerlich schon verabschiedet hat.

Umgebungskarten und ihr Einfluss

Nahe an der Signifikatorkarte sagt der Anker, dass der Fragende ein großes Sicherheitsbedürfnis hat und einen Ort braucht, um zur Ruhe zu kommen und zu sich selbst zu finden. Neben der Karte 3 *Schiff* kündet der Anker von stabilen Geschäftsverbindungen. In Kombination mit der Karte 8 *Sarg* drohen Krankheit oder körperliche bzw. psychische Labilität. Neben der Karte 22 *Weg* stehen Entscheidungen in Liebesbeziehungen an. Zusammen mit der Karte 24 *Herz* kündet er von einer soliden (Liebes-)Beziehung. Zusammen mit 34 *Fische* sind Geldanlagen sicher und die Finanzen in Ordnung.

Symbolgehalt / Moderne Deutung

Der Anker ist ein uraltes Schifferutensil, dessen Anfänge in einfachen Steinankern bis in das 6. vorchristliche Jahrtausend zurückreichen. Die älteste überlieferte Darstellung eines pyramidenförmigen Steinankers mit Loch für ein Seil stammt aus dem 1907 ausgegrabenen Tempel des Pharaos Abusir und lässt sich auf rund 2500 v. Chr. datieren. Schon in der Antike wurde der Anker mit den Göttern der Meere (vor allem Neptun) in Verbindung gebracht und versinnbildlichte Sicherheit, Halt und damit Vertrauen, Zuversicht und Hoffnung. *Vor Anker liegen* heißt, nicht mehr den Gefahren des Meeres ausgesetzt sein, in Sicherheit sein. Auf Grund seiner Kreuzform wurde er in christlicher Zeit ein Symbol der Erlösung. Im Neuen Testament (Hebr 6,18 ff.) versinnbildlicht der Anker die christliche Hoffnung auf eine himmlische Seligkeit. Der Anker ist neben Kreuz und Fisch eines der ältesten christlichen Symbole und zugleich das meist verwendete in den ersten christlichen Jahrhunderten.

In der psychologischen Sicht steht das Meer (Wasser) für die Gefühle und der Anker damit als Ausdruck des Wunsches nach Sicherheit, Halt und festem Bezugspunkt (Haltepunkt) im Meer der schwankenden Gefühle. Sicherheit und Verankerung bedeuten aber auch Stillstand. Um voran zu kommen, muss man gelegentlich den Anker lichten und sich den Gefahren des Meeres aussetzen.

Anregung

Fühlen Sie sich aktuell von allem überfordert, schlagen quasi die Wogen nur so über Ihnen zusammen? Dann werfen Sie jetzt einen (Not-)Anker. Ziehen Sie sich in eine ruhige Bucht zurück und versuchen Sie, wieder Halt und Zuversicht zu gewinnen. Gewinnen Sie wieder Bodenhaftung, um die Gefühlswellen zu glätten. Manchmal tut's schon ein ausgedehnter Spaziergang im Wald oder graben Sie den Garten um. Das »erdet« und müsste ohnehin einmal wieder sein. Oder fühlen Sie sich völlig festgefahren im immer gleichen Alltagseinerlei? Dann heißt es jetzt, Anker lichten, die sichere Reede verlassen und sich ins Abenteuer Leben zu stürzen. Tun Sie doch jetzt einmal etwas, das Sie schon immer mal tun wollten.

36 · Kreuz · Kreuz 6

Abgebildet sind verschiedene Varianten eines Kreuzsymbols, das man als Kleeblatt-Kreuz bezeichnet. Die Enden eines lateinischen Kreuzes sind dabei jeweils mit dreibogigen Verzierungen oder strahligen Scheiben verziert. Einzig das Piatnik-Kreuz zeigt eine Kruzifix-Variante, wobei allerdings kein Christuscorpus, sondern eine Bischofsfigur die Mitte schmückt. Die Endverzierungen tragen hier reliefartige Symbole der vier Evangelisten. Die Kreuzvierung des Lo-Scarabeo-Kleeblatt-Kreuzes ist mit einer stilisierten Rose dekoriert, sodass es leicht an das Rosenkreuz, aber auch ein gusseisernes Grabkreuz erinnert. Die ASS-Karte zeigt ein goldgerahmtes, mit smaragdenen oder grünen Emailenden verziertes Holzkreuz mit einem großen Rubin auf der Vierung. Bei allen Kreuzen handelt es sich also um Prachtkreuze, wie sie etwa bei höheren kirchlichen Festlichkeiten benutzt werden.

Traditionelle Deutung

Schlüsselbegriffe: Leid

... ist immer ein schlechter Vorbote, ist es jedoch der Person sehr nahe, so ist es wahrscheinlich, dass das Unglück nicht lange dauern wird.

Eine in der Tradition des 19. Jahrhunderts erstaunlicherweise eher negative als positive Karte, wobei der Leidensaspekt im Vordergrund steht. Sie gilt immer als negatives Vorzeichen. Je nach Nähe oder Ferne von der Signifikatorkarte dauert das Leid nur kurz oder entsprechend länger. Die Karten, die das

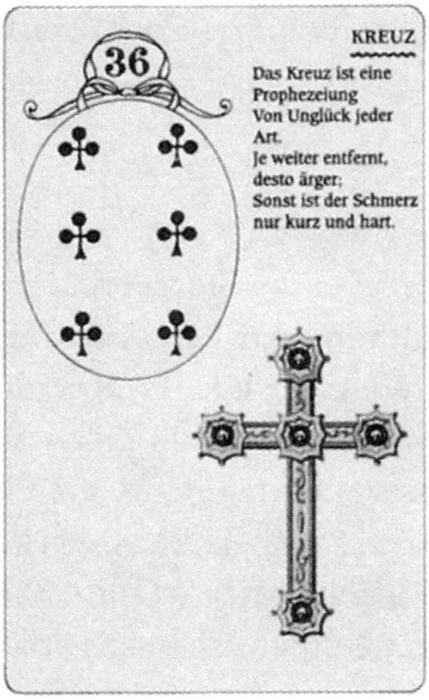

Carta Mundi

Piatnik

Lo Scarabeo

ASS

Kreuz direkt umgeben, zeigen an, wo das Missgeschick auftritt bzw. von welcher Art es ist.

Umgebungskarten und ihr Einfluss

Zusammen mit Karte 25 *Ring* bedeutet das *Kreuz* das Ende eines Kreislaufes bzw. einer Situation, in der Sie sich im Kreis drehten, es kann aber auch das Ende Ihrer Ehe ankündigen. Das Kreuz mit der Ehe kann darin bestehen, dass man an einer Ehebeziehung fest hält, obwohl man sich faktisch schon lange innerlich voneinander gelöst hat. Sei es, dass man auf Grund äußerer Umstände meint, die ›Ehe‹ aufrecht erhalten zu müssen (kleine Kinder, finanzielle Abhängigkeiten und Verpflichtungen etc.) oder aus reiner Gewohnheit. Ein langes, glückliches Eheleben wird durch das *Kreuz* signalisiert, wenn Karte 35 *Anker* nahe liegt.

Symbolgehalt / Moderne Deutung

Das Kreuz ist eines der ältesten Symbole überhaupt mit vielschichtigen Bedeutungen. Es korrespondiert einerseits mit der Zahl Vier wegen seiner vier Enden und wurde damit etwa zum Sinnbild der vier Himmelsrichtungen.

Das Kreuz verbindet zweifach entgegengesetzte Punkte und gilt daher als Sinnbild für die Vereinigung von Extremen (etwa Himmel und Erde) und als Zeichen der Synthese. Lange vor der Verwendung des Kreuzes in der christlichen Symbolik schon galt es als das universelle Zeichen für die Mittlung. Es bildet den Schnittpunkt von oben und unten, rechts und links ab und versinnbildlicht die Teilung und Vereinigung. Seine Form entspricht der des menschlichen Körpers mit ausgestreckten Armen.

Andererseits spielt die Zahl Fünf eine große Rolle. Die Schnittstelle des Kreuzes bildet eine fünfte Stelle und versinnbildlicht den eigenen Standpunkt, die Quintessenz.

Wichtig ist das Kreuz im Kreis (Radkreuz), welches in vielen Abbildungen (vom ›Plan‹ des Paradieses mit seinen vier Flüssen oder des heiligen Jerusalem bis zur heutigen analogen Uhr) immer wieder auftaucht und als Weltachse und Sinnbild der Jahresteilung in vier Abschnitte (Frühling, Sommer, Herbst, Winter) zu verstehen ist.

In der christlichen Kultur ist das Kreuz untrennbar mit der Passion Christi verbunden und symbolisiert das Leiden, aber auch den Sieg über den Tod. In dieser Sicht wurde das Kreuz zum christlichen Symbol schlechthin.

In der christlichen Architektur nimmt das Kreuz als Grundrissform der Kirchen eine dominante Stellung ein. Haben byzantinische Kirchen eher den Grundriss des griechischen Kreuzes mit vier gleich langen Armen, so sind die abendländisch-christlichen Kirchen nach dem lateinischen Kreuz konstruiert, dessen Längsbalken länger als der Querbalken ist, welcher nach oben verschoben ist. Dies sind nur zwei von zahllosen Erscheinungsformen des Kreuzes. Das ägyptische Henkelkreuz als Hieroglyphe Ankh für *Leben* wurde z. B. von den koptischen Christen als das wahre Lebens-Zeichen übernommen.

In der afrikanischen Kultur gelten Wegkreuzungen (Kreuzwege) als Schnittstellen der Reiche der Lebenden und der Toten. Sie bannen die Geister, die sich nicht entscheiden können, welchen Weg sie gehen sollen, und spielen damit in Beschwörungsriten eine wichtige Rolle. Solche Ansätze finden sich aber auch in der abendländischen Volkskultur.

Anregung

Das Kreuz ist sicher ein Symbol des Leidens, aber es ist gleichermaßen ein Symbol der Überwindung und des Sieges und damit ein ausgesprochen positives Zeichen.

Als Tageskarte gezogen rät es uns, zu entscheiden, in welcher Richtung es weitergehen soll. Es kann aber auch eine Anregung zum Versuch einer Synthese sein. Dann heißt es nicht, oben oder unten, rechts oder links, sondern sowohl oben und unten als auch rechts und links. Möglicherweise liegt gerade in dieser Sichtweise die Lösung für ein aktuelles Problem.

Die Alternativen liegen womöglich gar nicht derart über Kreuz, dass sie unvereinbar wären. Nehmen Sie die traditionell negative Aussage des Kreuzsymbols zwar nicht auf die leichte Schulter (jeder hat sein Kreuz zu tragen), aber lassen Sie sich auch nicht davon entmutigen. Sicher ist eine Situation, in der man entscheiden muss, nicht leicht, aber lassen Sie sich auch nicht drängen. Lassen Sie sich nicht auf's Kreuz legen. Geben Sie nicht nach und vertreten Sie Ihren eigenen Standpunkt.

Legemuster

Auf eine umfassende Darstellung verschiedener Legemuster bzw. Beispieldeutungen großer Auslagen wird hier zugunsten einer ausführlichen Erarbeitung der Einzelkarten-Symbolik verzichtet. Einige Legevarianten werden als Einstieg dennoch kurz vorgestellt. Die Anregungen im vorherigen Text beziehen sich im Wesentlichen auf die Einzelkarten etwa als morgens oder abends gezogene Tageskarte.

Mischen Sie die Karten und heben Sie ab. Entwickeln Sie hierzu nach Wunsch Ihr eigenes Ritual.

Anschließend legen Sie die Karten im Halbkreis aufgefächert und verdeckt vor sich oder dem Fragenden aus. Konzentrieren Sie sich auf die Frage, die Sie stellen möchten, bzw. bitten Sie den Fragenden, sich auf seine Frage zu konzentrieren. Derweil wählen Sie die je nach Legemuster benötigte Kartenmenge Karte für Karte aus bzw. lassen den Fragenden die entsprechende Anzahl auswählen.

Legen Sie die gezogenen Karten nun offen in der gezogenen Reihenfolge auf die Positionen des jeweiligen Legemusters.

Bei nur wenigen Karten (etwa drei oder vier) ist die Interpretation nicht sehr schwierig. Bestehen die Legemuster aus mehreren oder allen 36 Karten, dann ist die Interpretation schon komplexer und auch zeitaufwändiger.

Die Tageskarte

Damit ist das Ziehen einer einzelnen Karte gemeint. Die Tageskarte ist ein guter Weg, sich mit relativ wenig Zeitaufwand intensiv mit einem spezifischen Thema zu befassen. Ob Sie die Tageskarte nun morgens als Einstimmung auf den Tag oder als Tagesmotto ziehen, zwischendrin oder am Abend als Rückbesinnung des am Tage Erlebten und Vollbrachten, bleibt Ihnen überlassen. Nehmen Sie sich aber in jedem Falle ein paar Minuten Zeit, in denen Sie ganz ruhig und nur auf die Karte konzentriert sein können. Die Tageskarte sollten Sie selbst ziehen und selbst deuten. Die Thematik, die auf der gezogenen Karte auftaucht, ist dabei wie ein roter Faden, der sich durch den Tag zieht oder gezogen hat.

Beispiel:

Sie ziehen als Tageskarte die 14 *Fuchs*. Da geht es um Schlüsselbegriffe wie Wachsamkeit, Neider, Betrug, Schläue und List, um die Klugheit unserer Instinkte, um Kontrolle der Instinkte. Als Tageskarte regt der Fuchs Sie an, heute besonders aufmerksam bei der Arbeit usw. zu sein, und auf Anzeichen zu achten, dass man versucht, Sie über den Tisch zu ziehen (etwa bei Vertragsverhandlungen). Vertrauen Sie dabei ruhig auf Ihre Instinkte, handeln Sie aber besonnen und lassen Sie sich nicht zu Dingen hinreißen, die Sie lieber hinterher nicht gesagt oder getan hätten.

Dreier-Auslage

Beispielsfrage: *Worauf soll ich im kommenden Jahr besonders achten?*
Karte 33 *Schlüssel* auf Position 1:
Der Schlüssel steht für einen Neubeginn, innere Werte
Karte 22 *Weg* auf Position 2:
Der Weg steht für eine Entscheidung bzw. Wahl, die getroffen werden muss
Karte 16 *Stern* auf Position 3:
Der Stern steht für Klarheit, Orientierung

Zusammenfassende Interpretation:

Das kommende Jahr bietet neue Chancen, neue Türen (*Schlüssel*) werden sich öffnen, wenn Sie sich auf Ihre inneren Werte, Ihre Talente besinnen. Wichtige Entscheidungen stehen an (*Weg*) und diese führen zum Erfolg. Für die Entscheidungen brauchen Sie Klarheit und Durchblick. Um den richtigen Weg zu finden sollten Sie nach Hilfen zur Orientierung (*Stern*) suchen. Alles in allem ein anregendes Jahr.

Das Kreuz

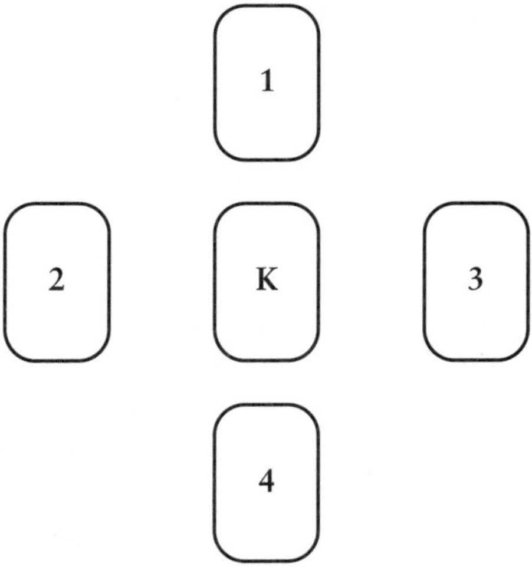

Suchen Sie zunächst die entsprechende Signifikatorkarte (28 für einen Herrn, 29 für eine Dame) heraus. Für das Kreuz ziehen wir 4 Karten aus dem Fächer.

Dieses Muster soll über die gegenwärtige Situation als Folge des vergangenen Auskunft geben und über die zu erwartenden bzw. zu bedenkenden Entwicklungen.

Die Signifikatorkarte K liegt in der Mitte.

Für das *Heute* (1) ziehen wir die erste Karte. Sie wird über die Signifikatorkarte gelegt und symbolisiert das, was wie ein Damoklesschwert über dem Fragenden schwebt und nicht unter Kontrolle ist.

Für das *Vergangene* (2) ziehen wir die zweite Karte. Sie steht für die Ursachen der heutigen Situation.

Für das *Heute* (4) ziehen wir eine weitere Karte und legen sie unter die Signifikatorkarte. Sie symbolisiert das, was der Fragende unter Kontrolle hat.

Für die *Zukunft* (3) ziehen wir eine vierte Karte und legen sie rechts neben die Signifikatorkarte. Sie symbolisiert das, was als Resultat aus dem Vergangenen und dem Heutigen zu erwarten ist.

Beispiellegung (nach traditioneller Deutung):

Heute (1): Karte 1 *Reiter*
Vergangenes (2): Karte 36 *Kreuz*
Zukunft (3): Karte 8 *Sarg*
Heute (4): Karte 19 *Turm*

Zusammenfassende (traditionelle) Deutung:

Neuigkeiten kommen auf Sie zu, von denen Sie nicht wissen können, was sie für Veränderungen in Ihrem Leben bewirken werden. Es gab in der Vergangenheit eine Menge Leid und Unglück in Ihrem Leben, das Sie aber inzwischen überwinden konnten. Dennoch stehen Ihre gegenwärtigen Probleme im Zusammenhang mit dem Erlebten. Der *Turm* deutet auf einen ausgeprägten und starken Willen hin. In Verbindung mit dem *Sarg* als zu erwartender Entwicklung bedeutet dies, dass Ihre derzeitige missliche Situation zu Ende geht, wenn Sie sich auf Ihren Willen verlassen.

Das Reihenspiel

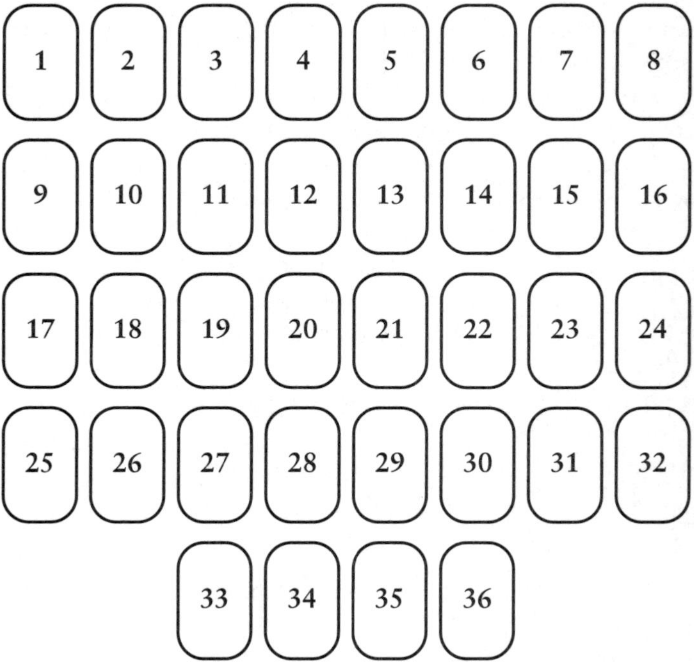

Die Karten werden gut durchgemischt. Der Fragende hebt ab und legt die Karten selbst von links nach rechts in Reihen zu je acht Karten aus. Die vier verbleibenden Karten werden beginnend bei der dritten Karte der vierten Reihe unter dieser ausgelegt.

Die Karte 28 *Herr* steht für einen männlichen Fragenden, die Karte 29 *Dame* steht für eine weibliche Klientin. Die Bedeutung der Karten ergibt sich aus dem jeweiligen Umfeld.

Der Siebener-Weg

1 = Ausgangssituation
2–6 = Weg zum Ziel
7 = Ziel

Dieses Legemuster spricht den psychologischen Aspekt des Kartenlegens an. Es leitet den Fragenden an, sich selbst intuitiv mit der Lösung für sein Problem auseinander zu setzen. Diese Legeart hilft dabei, die eigenen Gedanken zu ordnen und sich seiner Ziele bzw. der Wege dorthin klarer zu werden.

Alle Karten werden offen, dass heißt mit der Bildseite nach oben ausgelegt. Der Fragende wählt nun intuitiv die Karte aus, die seiner Meinung nach am besten seine eigene Situation (Karte 1) ausdrückt. Dann wählt er eine zweite Karte aus, die das Ziel (Karte 7) verkörpern soll, auf das er hinarbeiten möchte. Zuletzt wählt er intuitiv fünf Karten aus, die einen Weg von der Ausgangssituation zu Ziel darstellen könnten (Karten 2–6).

Lenormand-Galerie

I. Die in diesem Buch verwendeten Lenormand-Varianten

Abbildungen aller Karten der folgenden vier Decks finden Sie im Buch auf den Seiten 40–185. Daher werden diese Karten hier nicht nochmals abgebildet.

1 *Lenormand Wahrsagekarten – Nach der Methode von Mlle Lenormand [Carta Mundi]*
36 Wahrsagekarten mit Kartenbildern in ovalen Kartuschen und dt. Versen. 56 × 87 mm.
Dt. Anleitungsheft, 23 S., Querformat, geklammert, mit Vita, Schlüsselworten zu den einzelnen Karten, 3 Legemethoden (Kreuz, Schicksalskreuz, Entfernung und Nähe).
Text der Anleitung aus: *Erna Droesbeke: Kartenlegen mit Mlle Lenormand*. B-Antwerpen, Parsifal 1987.
B-Turnhout, Carta Mundi o. J. (ISBN 90-75336-03-9)

2 *Mlle Lenormand Wahrsagekarten/ Cartomancy Deck/Jeu du destin [Piatnik]*
36 Wahrsagekarten mit Kartenbildern. 58 × 89 mm.
Dreisprachiges (dt./engl./frz.) Anleitungsheft, 64 S., geklammert, mit Vita, Schlüsselworten zu den einzelnen Karten, 2 Legemethoden (Reihenspiel, Siebener-Weg).
A-Wien, Ferdinand Piatnik & Söhne 1986

3 *Lenormand 1880 Orakelkarten [Lo Scarabeo]*
36 Wahrsagekarten mit dt. Anleitung. 58 × 99 mm.
I-Turin, Lo Scarabeo 2003
Illustrationen in Aquarelltechnik mit Pastellfarben nach einem (deutschen?) Deck aus der Zeit um 1880.

4 a Lenormand Wahrsagekarten mit Versen [ASS]
36 Wahrsagekarten mit dt. Versen + 1 Titelkarte + 7 Karten mit Anleitung und Schlüsselworten zu jeder Karte. 60 × 91 mm.
D-Altenburg, Spielkartenfabrik Altenburg, o. J.

4 b Lenormand Wahrsagekarten mit Kartenbildern [ASS]
36 Wahrsagekarten mit Kartenbildern + 1 Titelkarte + 7 Karten mit Anleitung und Schlüsselworten zu jeder Karte. 60 × 91 mm.
D-Altenburg, Spielkartenfabrik Altenburg o. J.

II. Galerie ausgewählter moderner und historischer Lenormand-Karten (mit 36 Karten in der klassischen Grundstruktur)

Die folgenden Lenormand-Varianten sollen einen Überblick über die Vielfalt der Lenormand-Karten und erste Hinweise zur Identifizierung eventuell vorhandener Decks liefern. Dieser Überblick erhebt keinerlei Anspruch auf Vollständigkeit. Die vorgestellten Varianten sind allesamt im Deutschen Spielkarten Museum Leinfelden-Echterdingen zu finden. Einige dieser Decks werden auch im dort erhältlichen Katalog *Wahrsagekarten – Ein Beitrag zur Geschichte des Okkultismus* von Detlef Hoffmann und Erika Kroppenstedt beschrieben.

Die ausgewählten Decks werden jeweils exemplarisch mit drei Kartenvorderseiten bzw. zwei Karten und die Kartenrückseite (so vorhanden und für die Identifikation relevant) abgebildet und im Text beschrieben.

1 *Lenormand JMC 12273/151*
(grüne Faltschachtel) [AGMüller]

36 Wahrsagekarten mit Kartenbildern. 57 × 89 mm.
Dt. Anleitungsheft, 16 S., geklammert, mit Vita, Schlüsselworten zu den einzelnen Karten, 1 Legemethode. Auch bekannt als »Blaue-Eule-Lenormand«
CH-Neuhausen a. Rheinfall, AGM AGMüller 1970

2 *Lenormand JMC 12273/150d deutsch*
(rote Faltschachtel) [AGMüller]

36 Wahrsagekarten mit Versen. 57 × 89 mm.
Dt. Anleitungsheft, 16 S., geklammert, mit Vita, Schlüsselworten zu den einzelnen Karten, 1 Legemethode. Auch bekannt als »Rote-Eule-Lenormand«
CH-Neuhausen a. Rheinfall, AGM AGMüller 1970

3 *Das Lenormand Orakel.*
Die 36 Wahrsagekarten von Mademoiselle Lenormand.
Mit Erklärung und Legemuster. [IRIS]

36 Wahrsagekarten mit Kartenbildern und Versen. 56 × 87 mm. Illustrationen: Hanneke van der Wouck. Texte: Christiane Renner.

Dt. Anleitungsheft, 32 S., geklammert, quer, mit Vita, Schlüsselworten zu den einzelnen Karten, 2 Legemethoden (Die Große Legung, Das Hufeisen).

NL-Amsterdam, IRIS Bücher & mehr 2001

4 *Lenormand Wahrsagekarten [Daveluy]*

Dt. SpKM (Deutsches Spielkartenmuseum, Leinfelden-Echterdingen) Inv. A 1518

36 Wahrsagekarten mit frz. Kartenbildern und frz. Deutungen. 56 × 87 mm.

B-Bruges (Brügge), Daveluy, Ende 19. Jh.
Farblithografien mit frz. Kartentiteln.

5 *Lenormand Wahrsagekarten [Jegel]*
Dt. SpKM Inv. B 96, Hoffmann/Kroppenstedt, S. 118
36 Wahrsagekarten mit Deutungssprüchen und Tierkreiszeichen am Rand. 55 × 86 mm.
D-Nürnberg, Jegel, Ende 19. Jh. (ca. 1860)

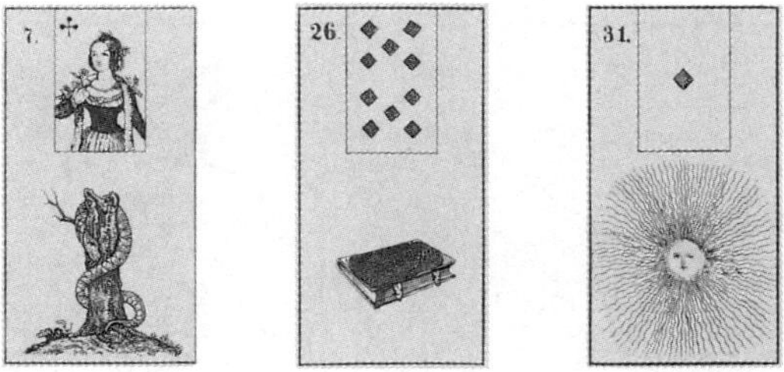

6 *Kartenspiel der berühmten Wahrsagerin Mlle. Lenormand in Paris [Verlag für die Frau]*
Dt. SpKM Inv. 1982–45
36 Wahrsagekarten mit frz. Kartenbildern. Nachdruck eines Originals aus Privatbesitz (Erwin Kohlmann, Naumburg), entstanden in Deutschland um 1850. Für den Druck nachge-

staltet und handkoloriert. 43 × 77 mm. Im Holzkästchen mit Schiebedeckel. Im Begleitheft Kommentar von Erwin Kohlmann.
DDR-Leipzig, Verlag für die Frau 1982

7 *Lenormand Wahrsagekarten [Hersteller/Verlag unbekannt]*
Dt. SpKM Inv. A 1198
36 Wahrsagekarten mit frz. Kartenbildern. 43 × 75 mm.
Deutschland, Ende 19. Jh.

8 *Lenormand Wahrsagekarten [Hersteller/Verlag unbekannt]*
Dt. SpKM Inv. A 555
36 Wahrsagekarten mit frz. Kartenbildern. 43 × 74 mm.

Deutschland, Ende 19. Jh. [Fabrikzeichen Hirschgeweih] Farblithografien mit frz. Kartentiteln am oberen Kartenrand, Mitte. Die Hofkarten sind dabei schwer zuzuordnen, da die typischen Farbsymbole (Karo, Pik etc.) fehlen. Die Asse werden durch Figurenbilder dargestellt (z. B. ein Narr = Pik Ass bei Karte 29 *Dame*).

9 *Lenormand Wahrsagekarten*
[Literatur- und Kunst-Comptoir]

Dt. SpKM Inv. B 835

[Nachdruck als Bestandteil des Sets B. A. Mertz: Wahrsagen mit Karten der Madame Lenormand. München 2003 (Bassermann)]

36 Wahrsagekarten mit frz. Kartenbildern. 56 × 87 mm.

D-Berlin, Literatur- und Kunst-Comptoir, Ende 19. Jh.

Im Buchdruckverfahren erstellte Karten, schablonenkoloriert, wobei nur die Bildmotive, nicht aber die Kartenbilder in frz. Farben (oberes Drittel der Karte mittig) koloriert sind.

10 Lenormand Wahrsagekarten [Piatnik]
Dt. SpKM Inv. A 518
36 Wahrsagekarten mit frz. Kartenbildern. 55 × 88 mm.
Wien/Budapest, Ferdinand Piatnik & Söhne, um 1900

11 Lenormand Wahrsagekarten [Piatnik]
Dt. SpKM Inv. A 695
36 Wahrsagekarten mit frz. Kartenbildern. 55 × 88 mm.
Wien/Budapest, Ferdinand Piatnik & Söhne, Anfang 20. Jh.

12 Lenormand Wahrsagekarten [Dondorf]
Dt. SpKM Inv. A 517
36 Wahrsagekarten mit Versen. 53 × 85 mm.
D-Frankfurt/M., B. Dondorf, vor 1879 (preußischer Steuerstempel).
Farblithografien mit dt. Versen am oberen Kartenrand, Mitte. Daneben links die Kartennummer in einem Kreis. Auf der rechten Seite neben dem Kartenbild auf jeder Karte das Firmensignet mit dem verschnörkelten *B* in der Mitte, darüber im Halbkreis *Dondorf*, darunter im Halbkreis *Francfort* (sic!).
Hierzu gibt es verschiedene Varianten (weiße Zahlen in lila unterlegtem Kreis, Firmensiegel auf lila Grund; Farbvarianten in den Hofkarten etc.). Detailliertere Informationen dazu in F. Braun: Schriftenreihe »Spielkarten«, Band 4 (siehe Literaturverzeichnis).

13 Lenormand Wahrsagekarten [Dondorf]
Dt. SpKM Inv. A 1649
36 Wahrsagekarten mit frz. Kartenbildern. 53 × 85 mm.
D-Frankfurt/M., B. Dondorf, vor 1879

14 Lenormand Wahrsagekarten [Dondorf]
Dt. SpKM Inv. A 1239
36 Wahrsagekarten mit dt. Versen. 52 × 85 mm.
D-Frankfurt/M., B. Dondorf, um 1925
Farblithografien mit dt. Versen am oberen Kartenrand Mitte. Bildmotive wie bei den vorgenannten. Daneben links die Kartennummer in einem Kreis. Auf der rechten Seite neben dem Kartenbild auf jeder Karte als Firmensignet der ›Dondorf-Drache‹. Die Karten sind bereits im Dondorf-Katalog von 1885 enthalten, ob sie jedoch bereits den Dondorf-Drachen trugen, ist unbekannt.

15 Lenormand Wahrsagekarten [J. Müller & Cie.]
Dt. SpKM Inv. 1992–140
36 Wahrsagekarten mit frz. Kartenbildern. 54 × 86 mm.
CH-Neuhausen, J. Müller & Cie., um 1950
Lithografie-Imitationen mit frz. Kartenbildern am oberen Kartenrand, Mitte. Bildmotive wie bei den aktuellen Ausgaben, allerdings sind die Girlandenumrahmungen der frz. Kartenbilder anders. Kartenecken mit Goldschnitt. Die ›Blaue Eule‹ findet sich hier nur auf der Schachtel, nicht (wie später) auf den Kartenrückseiten.

16 Lenormand Wahrsagekarten [J. Müller & Cie.]
Dt. SpKM Inv. B 1675
36 Wahrsagekarten mit dt. Versen. 54 × 86 mm.
CH-Neuhausen, J. Müller & Cie., um 1950
Mehrfarbiger Offsetdruck mit dt. Versen am oberen Karten-

rand, Mitte. Ansonsten wie Nr. 14.
Kartenrückseite Rosa auf Gold.

17 Lenormand Wahrsagekarten
[Vereinigte Stralsunder Spielkarten-Fabriken A.G.]
Dt. SpKM Inv. 1985–115
36 Wahrsagekarten mit dt. Versen. 51 × 83 mm.
D-Stralsund, Vereinigte Stralsunder Spielkarten-Fabriken A.G., um 1900

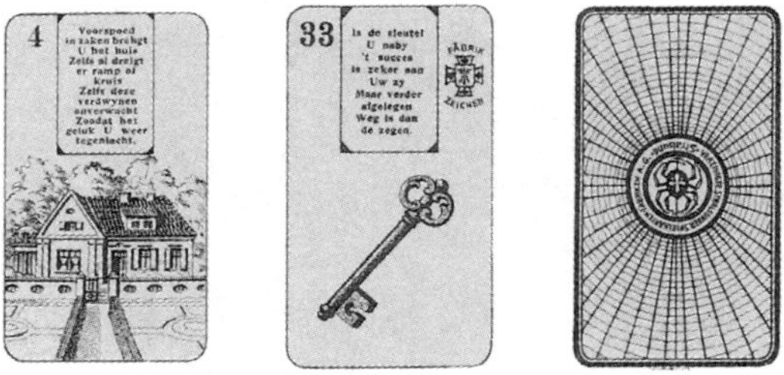

18 Lenormand Wahrsagekarten
[Vereinigte Stralsunder Spielkarten-Fabriken A.G.]
Dt. SpKM Inv. A 1167
36 Wahrsagekarten mit nl. Versen. 51 × 83 mm.
D-Stralsund, Vereinigte Stralsunder Spielkarten-Fabriken A.G., um 1920

Farblithografien mit nl. Versen am oberen Kartenrand, Mitte. Ansonsten identisch mit Nr. 17.

19 Lenormand Wahrsagekarten [ASS]
Dt. SpKM Inv. A 519
36 Wahrsagekarten mit dt. Versen. 55 × 86 mm.
D-Stuttgart-Leinfelden, ASS, um 1966
Mehrfarbiger Offsetdruck mit dt. Versen am oberen Kartenrand Mitte. Bildmotive und Text wie auf den heutigen Ausgaben. Schrifttypen der Texte leicht abweichend von heutiger Type.

20 Lenormand Wahrsagekarten [ASS]
Dt. SpKM Inv. B 1673
36 Wahrsagekarten mit frz. Kartenbildern. 55 × 86 mm.
D-Stuttgart-Leinfelden, ASS, um 1968
Mehrfarbiger Offsetdruck mit frz. Kartenbildern am oberen Kartenrand, Mitte. Ansonsten wie Nr. 19.

III. »Kleine« Lenormand-Karten mit Abweichungen zur Grundstruktur

Es gibt einige Kartensätze, die unter dem Namen Lenormand-Karten segeln, die aber von der oben aufgelisteten Grundstruktur der Karten hinsichtlich Motiv oder Kartennummerierung abweichen. Hier seien aus Platzgründen nur einige wenige Beispiele mit jeweils 36 Karten genannt (es gibt aber durchaus auch Decks mit anderer Kartenanzahl, die Teile der Kleinen Lenormand-Karten aufnehmen und durch weitere Motive ergänzen. Ein Beispiel ist etwa das amerikanische »Gipsy Witch celebrated Fortune Tellings Cards Le Normand« mit 52 Karten, siehe unten).

Eine Rarität finden Sie unter Nr. 26. Die dort beschriebene Lenormand-Variante überließ mir während der Spielwarenmesse 2004 in Nürnberg eine Dame, welche die Karten geerbt hatte. Dieses Deck trägt statt der frz. Kartenbilder oder Verse alchemistische Symbole. Mehr dazu unten.

21 Blumen Lenormand-Karten (Blumen Orakel) [Carta Mundi]

36 Wahrsagekarten mit Blumenbildern von I. I. Gerard (d.i. Grandville), 76 × 117 mm. Belgien um 1990

Die Grandville'schen Blumendarstellungen (i.d.R. als Frauenfiguren in entsprechendem Blüten- oder Blätterornat abgebildet) stehen in einer hellgrundigen, ovalen Mittelkartusche auf einem flaschengrünem Feld mit altrosa Balken oben und unten, umgeben mit einem hellgrünen Rahmen und Blumengirlanden. Im oberen rosa Balken links die Kartennummer, rechts ein verschnörkeltes Buchstabenkürzel »*EvD*« für »*van Erna Droesbeke*« bzw. »*Erna van Droesbeke*«, welche diese Karten konzipiert hat und auch das in französischer Sprache erschienene Begleitbuch dazu verfasste. In der Mitte quadratisch abgebildet die jeweils zugeordnete Spielkarte. Im unteren Balken der Name der im Oval dargestellten Blume. In einigen Kartenbildern tauchen neben der Blumenpersonifikation auch typische Motive der Kleinen Lenormand-Karten auf, (etwa die Sense in der oben abgebildeten Karte 10 *Strohblume (Sense)*.

22 Lenormand Wahrsagekarten [Hersteller/Verlag unbekannt]
Dt. SpKM Inv. A 514
36 Wahrsagekarten mit Doppelbild und Tierkreis- bzw. Planetenzeichen. 50 × 78 mm.
Deutschland oder Österreich, 1. Hälfte 20. Jh.
Lithografien mit Doppelbildern, wobei das untere das zur Kartennummer gehörende Motiv zeigt (hierbei gibt es aber mehrere Ausnahmen) und das obere Bild ein anderes, ergänzendes Motiv zeigt (etwa bei Karte 25 unten den *Ring*, oben eine blütenumkränzte *Leier*). Vertauscht sind die Motive der Karten 33 (regulär: *Schlüssel*, hier: *Fische* unten und Wassermann-Zeichen oben) und 34 (regulär: *Fische*, hier: *Schlüssel* unten und *Hahn* oben). Karte 22 (regulär: *Weg*) zeigt hier eine Kanone auf Lafette. Karte 23 (regulär: *Mäuse*) zeigt drei Spielkarten unten, zwei gekreuzte Fische oben. Ähnliche Abweichungen gibt es hier noch mehrere. Die Kartennummern stehen im oberen Kartenrand mittig. Der Kartenrand ist durchgängig mit wechselnden Tierkreis- bzw. Planetenzeichen dekoriert. Er ähnelt der Kartenrandgestaltung des Decks von Jegel, Nürnberg um 1860 (siehe Nr. 5 der Galerie). Die Karten haben keine glatten, geraden, sondern wellig beschnittene Kanten.

23 Lenormand Wahrsagekarten [Piatnik]
Dt. SpKM Inv. A 546
36 nicht nummerierte Wahrsagekarten mit Doppelbild und Tierkreis- bzw. Planetenzeichen. 55 × 79 mm.
Österreich, 1. Hälfte 20. Jh.
Lithografien mit Doppelbildern, wobei das untere das zur Kartennummer gehörende Motiv zeigt (hierbei gibt es mehrere Ausnahmen) und das obere Bild ein anderes, ergänzendes Motiv zeigt.
Die Karten sind nicht nummeriert. Der Kartenrand ist durchgängig mit wechselnden Tierkreis- bzw. Planetenzeichen dekoriert. Die Karten haben keine glatten, geraden, sondern wellig beschnittene Kanten. Einfache, zum Teil differenziert gezeichnete Bildmotive ohne gestalteten Hintergrund. Die Karten scheinen direkt auf die oben beschriebenen Karten zurückzugreifen. Insgesamt ist die Darstellung aber feiner und präziser in der Strichführung als bei den Vorgängerkarten.

24 Lenormand Wahrsagekarten [Whitman]
Dt. SpKM Inv. A 536
36 Wahrsagekarten. 57 × 89 mm.
USA-Racine, Whitman Publishing Co. 1940
Offsetdruck mit vollflächigen, comicartigen, teils modernistischen Motiven (statt des Weges die Eisenbahn). Die Kartennummer und der Kartentitel stehen auf monochromem Fond in einem Kasten in der linken oberen Ecke. Die Nummerierung weicht stark von der klassischen Folge ab. Der *Reiter* (regulär 1) trägt hier die 12; die *Rute* (regulär 11) trägt hier die 24; die *Schlange* (regulär 7) ist hier die 11 usw.

25 *Gipsy Witch celebrated Fortune Telling Cards by Madame Lenormand [Standard Playing Card Co.]*

Dt. SpKM Inv. 1987–15

52 Wahrsagekarten + 1 Titelkarte mit engl. Kartenbildern. 63 × 88 mm.

USA-Chicago, Standard Playing Card Co. 1924–1929

Offsetdruck, teilweise schablonenkoloriert. Englische Kartenbilder links oben; die Kartenbilder nehmen fast 1/3 der Kartenfläche ein. Die Kartennummer steht rechts oben. Der Kartentitel ist zugleich jeweils die erste Zeile des Deutungskurztextes, ist aber grafisch nicht sonderlich hervorgehoben. Abgesehen von dem Verweis auf der Schachtel haben diese Karten mit klassischen Lenormand-Karten nur wenig gemein. Die Nummerierung weicht stark von der klassischen Folge ab. Einige Beispiele: Der Reiter (regulär 1) ist hier die Nr. 14, der *Fuchs* (regulär 14) trägt hier die Nr. 11; der *Schlüssel* (regulär 33) trägt hier die Nr. 4; der *Sarg* (regulär 8) ist hier die 6 usw. Da das Deck 52 Karten zählt, kommen natürlich zusätzlich Motive hinein, die in den Standard-Lenormand-Karten nicht vorkommen, beispielsweise als Nr. 10 *Schwein* oder als Nr. 40 *Wein* usw.

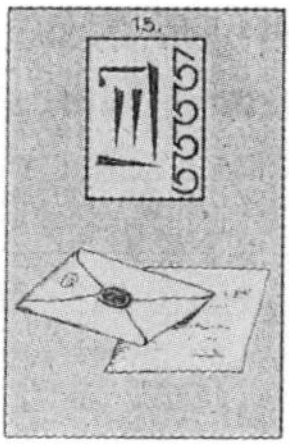

26 Lenormand Wahrsagekarten [Engel]
Aus Privatbesitz
48 Wahrsagekarten mit 20-seitigem Anleitungsheftchen.
57 × 89 mm. D-Berlin, Adolph Engel, um 1890
Farblithografien mit einfachen Symbolen oder Situationsdarstellungen auf hellblauem Grund. Mittelstarker, unkaschierter Karton. In der Mitte oben ein gelbgrundiger Kasten mit alchemistischen Symbolen. Darüber außerhalb des Kastens die Kartennummer mit Punkt.
Leider ist die Schachtel derart fragmentiert, dass der Produzent aus den Karten selbst bzw. der Verpackung nicht zu ermitteln ist. Die beiliegende »Gebrauchsanweisung und Erklärung der Wahrsagekarten von Madame Lenormand aus Paris. – Einzig rechtmäßige Ausgabe, genau nach den Originalkarten.« Als Zusatz ist angegeben »1100. Auflage – gedruckt in diesem Jahr«.
Es handelt sich dabei aber offensichtlich um ein Deck, welches um 1890 bei Adolph Engel in Berlin erschienen ist. Die obigen Angaben sind dem Antiquariatskatalog Spielkartenangebot XIII 12/88, S. 27, Nr. 310 der MGM, München entnommen.
Im Katalog von *Hoffmann/Kroppenstedt, Wahrsagekarten* ist unter Nr. 58, S. 119 ein mit ähnlichen Zeichen versehenes Deck vorgestellt, das aber nur 36 Karten enthält. Dort sind die Kästen mit den alchemistischen Zeichen in die linke obere

Ecke gerückt. Auch unterscheiden sie sich von den hier genannten in Zeichnungsart, Reihenfolge und Motiven.
Zum Abschluss ihres Artikels schreiben die Autoren: *Ein ähnliches Spiel, das uns bekannt wurde, beruft sich direkt auf Mlle Lenormand.* Dabei dürfte es sich um das hier vorgestellte Deck handeln.

Anmerkungen

1 Bertelsmann Handlexikon. Gütersloh (Bertelsmann) 1975

2 Ludwig Herold: Orakeln. In: H. Bächthold-Stäubli: Handwörterbuch des deutschen Aberglaubens, Bd. VI, Berlin/New York 2000, Sp. 1255 ff. [Fotomechanischer Nachdruck der Ausgabe von 1935]

3 Friedrich Schiller: Briefe über die ästhetische Erziehung des Menschen. Bad Heilbronn/Obb. (Klinkhardt Verlag) 1960

4 Thomas Kornbichler: Die Kunst, sich in den Richtigen zu verlieben. Stuttgart (Kreuz) 2004, S. 53

5 Wilhelm Heinse: Die Hitze des Einfalls. Aphorismen. Berlin (Eulenspiegel) 1988

6 in: Anne Biwer: Das große Lenormand Wahrsagebuch. Geschichte, Deutung und Legetechniken mit den traditionellen Wahrsagekarten der Mademoiselle Lenormand. Aitrang (Windpferd Verlag) 1997

7 Andere Autoren (z. B. Mertz 1992) nennen das Jahr 1793 für den Wechsel in die Hauptstadt.

8 Siehe z. B. Mertz 1992

9 An dieser Stelle sei eine Kurzmeldung aus dem *Kalender für das Jahr 1921* der Vossischen Zeitung zitiert, der wie auch heute vielfach üblich, *interessante Erinnerungen an die Zeit vor hundert Jahren* auflistet. Darin hieß es unter *Vermischte Nachrichten* des Juni:

»Die Sache der, der Wahrsagerei angeklagten Demoiselle le Normand ist am 1sten vor dem Correktions-Tribunal von Löwen verhandelt worden. Die Audienz dauerte 7 Stunden. Der Advokat von Meenen war Defenso der berühmten Sibylle. Nachdem er seinen Vortrag geendigt hatte, hielt sie eine sehr ausgearbeitete Rede, in welcher sie von neuem ihre Vertheidigungsgründe geltend machte; das Gericht nahm sie aber nicht an. Demoiselle le Normand ist zu einer einjährigen Gefängnisstrafe, 50 Gulden

Geldbuße u. in die Kosten des Prozesses verurtheilt. Die Beweggründe ihrer Verurtheilung lauteten wie folgt: In Erwägung, dass sie sich geäußert hat, mit dem Genius Ariel in Verbindung zu stehen, dass sie den Pfeil des Abarts, eine Zauber-Quaste und das geheimnisvolle Spiel des Tharot besitzt; dass, indem sie sich eine außerordentliche Gewalt zuschrieb, von falschen Qualitäten Gebrauch machte und sich betrügerischer Machwerke bediente (das Übrige ist in ähnlichen Ausdrücken abgefasst) so verurtheilt das Tribunal die Demoiselle le Normand etc.«

Detailliert wird der Ablauf dieses Tribunals bei Biwer 1997, S. 27–30 beschrieben.

10 Ein skurriles Beispiel dafür mag die vehemente Diktion eines Hauptmann Schroeder sein, der zwar generell nicht gut auf Wahrsager zu sprechen ist, die er für *geriebene Genies*, [...] *dürftige Tröpfe* [...] und *anmassende Schwaetzer* hielt, aber anscheinend einige Werke der Lenormand gelesen hatte: »So hat sie sich im Jahre 1818, als die geschiedene Kaiserin Josephine tot war und Napoleon auf St. Helena weilte, über ihre Beziehungen zu beiden in einer Form ausgesprochen, als sei sie dauernd die Beraterin Josephinens und in wichtigen Augenblicken die Sibylle des Kaisers gewesen. Aber wir kennen aus den Memoiren der ersteren den Verkehr mit der Lenormand ganz gut und sehen, dass er recht harmloser Natur gewesen ist. Und was gar Napoleon selbst angeht, so mag man ja zugeben, dass er die Dame gelegentlich in den Gemächern seiner Gemahlin gesehen und angesprochen hat, aber ihre Darstellung, als ob sie ihn in seinem Kabinett mit allem ihrem Hokuspokus umgeben habe, sogar mit Blitz und Donnerschlag, der ihr extra von Gott zu diesem Zwecke verliehen (!) war, wirkt einfach lächerlich. Und dann legte sie noch dem Weltenbezwinger die Worte in den Mund: *Oh Sibylle, deine Orakel entsetzen mich!* – sie aber, die Seherin, will geantwortet haben: *Buonaparte, du hast den Geist des Mysteriums sprechen hören. Handele, wie er will, dass du handelst!* Nein, in die Weltge-

schichte hat Fraeulein Lenormand gewiss nie eingegriffen, aber von den Kulturzustaenden ihrer Zeit haette sie ein lehrreiches Buch schreiben koennen, wenn sie je ein anderes Interesse gehabt haette, als die Wichtigkeit ihrer Person.« aus: *Etwas vom Kartenlegen und von den Spielkarten*. Von Hauptmann Schroeder. In: Liller Kriegszeitung, Sommerlese 1916. Der Auslese dritter Band. Hg. V. Hptm. D.L. Hoecker, Lille, August 1916.

11 Will-Erich Peuckert: Lenormand I. In: H. Bächthold-Stäubli: Handwörterbuch des deutschen Aberglaubens, Bd. V, Berlin/New York 2000, Sp. 1211 ff. [Fotomechanischer Nachdruck der Ausgabe von 1933]

12 Biwer, 1997, S. 38

13 Treppner, Iris: Die Sibylle der Salons. München (Ansata) 2004, S. 9

14 Jasmin Rachlitz: Die große Orakelsammlung, S. 52

15 Kurt Allgeier: Die besten Orakel der Welt, S. 186

16 Brigitte Glaser: Dein Schicksal aus den Karten, S. 10

17 Rhea Koch: Magische Kartendeutung für das nächste Jahrtausend, S. 27

18 Robert Griesbeck: Orakel für zwei, S. 30

19 Bernd A. Mertz: Wahrsagen mit Karten der Madame Lenormand, S. 13

20 Elke Dumke: Mlle Lenormand auf den Punkt gebracht, S. 12 bzw. 25

21 Die hier und im Folgenden einleitend zitierten Deutungshinweise entstammen dem Anleitungsblatt »Erklärung des Kartenspiels der berühmten Wahrsagerin Mlle. Lenormand in Paris«, welche mit dem autorisierenden Sigel gezeichnet »Philippe – Erben der Mlle. Lenormand« schon Kartenausgaben des 19. Jahrhunderts beilagen und in textlich nahezu unveränderter Form den älteren Lenormand-Ausgaben der Spielkartenfabrik Altenburg beilagen.

22 Hier gibt es ein praktisches Problem: In manchen Decks reitet der Kavalier von rechts nach links, schaut also nach links, in die Ver-

gangenheit. Hier ist also immer die Vergangenheit involviert. In anderen Decks reitet er in die andere Richtung und schaut nach rechts, in die Zukunft also. In diesen Decks haben Sie es also in dieser Sichtweise immer mit einer zukünftigen Veränderung zu tun.

23 Zitiert nach Gerlach, Das neue Lexikon des Aberglaubens, S. 128

24 Der Physiologus ist ein vermutlich um 200 n. Chr. entstandenes naturkundliches Volksbuch, welches mit seiner mythisch-allegorischen Beschreibung der Tierwelt die bildende Kunst und die Tiersymbolik der folgenden Jahrhunderte wie kaum ein anderes Buch prägte.

25 Entstanden in Lübeck um 1498 auf Basis einer Bearbeitung der niederländischen Fassung von 1375. Der Autor ist unbekannt, stammt aber mit Sicherheit aus der Lübecker Geistlichkeit. Es ist lediglich ein Exemplar vollständig überliefert, welches in der Herzog-August-Bibliothek Wolfenbüttel aufbewahrt wird.

26 Rotwelsch war bzw. ist eine seit dem ausgehenden Mittelalter bekannte Kunstsprache der Gauner, die sich aus jiddischen, deutschen und Elementen der Sinti- und Roma-Sprachen zusammensetzt.

Literatur

Literatur zu Karten der Mme. Lenormand (Auswahl)

Biwer, Anne L.: Das große Lenormand Wahrsagebuch. Geschichte, Deutung und Legetechniken mit den traditionellen Wahrsagekarten der Madame Lenormand. Aitrang (Windpferd Vlg.) 1997

Droesbeke von Enge, Erna: Das Orakel der Mlle Lenormand. Anleitung zur Interpretation der Mlle Lenormand-Karten. Neuhausen/Schweiz (Urania Vlg.) 1988/7. Aufl. 1997

Droesbeke, Erna: Kartenlegen mit Madame Lenormand. Amsterdam (Iris Vlg.) 1998

Dumke, Elke: Mlle Lenormand auf den Punkt gebracht. Hamburg (Corona Vlg.) 1999

Erklärung des Kartenspiels der berühmten Wahrsagerin Mlle. Lenormand in Paris. o. O., o. J. (ca. Ende 19. Jh.); [aus dem Archiv des Dt. Spielkartenmuseums Leinfelden-Echterdingen, Sign. III D Len]

Herlert-Schaaf, Dietlind: Mystisches Kartenlegen nach Mlle Lenormand. Hamburg (Corona Vlg.) 1999

Kamm, Halina: Emotionales Kartenlegen nach Mlle Lenormand für Freunde, Liebe, Partner. Hamburg (Corona Vlg.) 2002

Kamm, Halina: Finanzielles Kartenlegen nach Mlle Lenormand. Job-Karriere-Geschäft. Hamburg (Corona Vlg.) 2003

Kamm, Halina: Mystisches Kartenlegen nach Mlle Lenormand für Freunde, Liebe, Partner. Hamburg (Corona Vlg.) 2001

Kamm, Halina: Spirituelles Kartenlegen nach Mlle Lenormand. Hamburg (Corona Vlg.) 2002

Mertz, Bernd A.: Wahrsagen mit den Karten der Madame Lenormand.

1) Niedernhausen (Falken) 1992/1994 [Falkenbücherei 1328]. Mit Abb. aus der Lenormand-Variante ›Blaue Eule‹ von AG Müller, CH-Neuhausen

2) Niedernhausen (Falken) 1995. Überarbeitete Neuausgabe von 1 mit anderen Abbildungen [Falkenbücherei 1480]. Abb. aus einem historischen Lenormand-Deck von ca. 1840. Set mit denselben Karten

3) München (Bassermann) o. J. Neuausgabe des Sets Nr. 2

4) München (Südwest) 2004. Neuausgabe des Sets Nr. 2 bzw. Nr. 3

Parrèt, Virginie: Das Blumenorakel Set. Die Blumenkarten als Wegbegleiter. Amsterdam (IRIS) 2000 (Lenormand-Variante mit Blumenbildern von Grandville)

Peuckert, Will-Erich: Lenormand I. In: H. Bächtold-Stäubli: Handwörterbuch des deutschen Aberglaubens, Bd. V., Berlin/Leipzig (de Gruyter Verlag) 1932/33, Sp. 1211 ff. Unveränderter fotomechanischer Nachdruck Berlin/New York (de Gruyter Verlag) 1987

Porozynski, Iwona: Traumdeuten mit den Karten nach Mlle Lenormand. Hamburg (Corona) 2003

Renner, Christiane: Arbeiten mit den Wahrsagekarten von Mademoiselle Lenormand (Buch bzw. Set mit Buch und Renner-Lenormand-Karten). Amsterdam (IRIS) 2002

Renner, Christiane: Liebe in den Wahrsagekarten von Mlle Lenormand. Amsterdam (IRIS) 2003

Renner, Christiane: Die Lenormandkarten auf einen Blick. Amsterdam (IRIS) 2004

Röbkes, Marion: Die großen Lenormand-Wahrsagekarten. Praktische Anleitungen zum umfassenden Deuten. Aitrang (Windpferd) 1999

Röbkes, Marion: Handbuch der Karten-Legetechniken. Die beliebtesten Orakel für Wahrsagekarten. Mit Interpretationen für Tarot, Kipper, Lenormand, Praeciosa, Skatkarten ... Aitrang (Windpferd) 1999

Treppner, Iris: Die Sibylle der Salons. Das Lenormand-Praxisbuch für Menschen von heute. München (Ansata) 2004

Vossische Zeitung – Kalender für das Jahr 1921 mit interessanten Erinnerungen an die Zeit vor hundert Jahren. Berlin (Ullstein) 1920; aus dem Archiv des Dt. Spielkartenmuseums Leinfelden-Echterdingen, Sign. III D

Literatur zum Kartenlegen allgemein

Allgeier, Kurt: Die besten Orakel der Welt. Rastatt (Pabel-Moewig) o. J.

Biwer, Anne L.: Wahrsagen mit Spielkarten. Deutungen und Legemethoden. Darmstadt (Schirner) 2002

Glaser, Brigitte: Dein Schicksal aus den Karten. Niedernhausen (Falken) 1996

Griesbeck, Robert: Orakel für zwei. Spielerisch mehr über uns erfahren. Niedernhausen (Falken) 1999

Koch, Rhea: Magische Kartendeutung für das nächste Jahrtausend. Niedernhausen (Falken) 1999

Rachlitz, Jasmin: Die große Orakelsammlung. Mit Intuition und Magie in die Zukunft sehen. Niedernhausen (Falken) 2000

Kataloge/Inventare/Spielkarten allg.

Braun, Franz: Braun Schriftenreihe ›Spielkarten‹ Bd. 4 – Die Spielkartenfabrik B. Dondorf. Köln (Selbstverlag) 1991

Hoffmann, Detlef/Kroppenstedt, Erika: Wahrsagekarten. Ein Beitrag zur Geschichte des Okkultismus. [Katalog zur Ausstellung vom 17.09.–01.12.1972 im Deutschen Spielkarten Museum Bielefeld]

Hoffmann, Detlef/Dietrich, Margot: Die Dondorf'schen Luxus-Spielkarten. Dortmund (Harenberg) 1981 [Die bibliophilen Taschenbücher 243]

Jensen, K. Frank: The prophetic cards [Vol. I] – a catalogue of fortune-telling cards. Roskilde (Ouroboros) 1985

Jensen, K. Frank: The prophetic cards [Vol. II] – 110 more fortune-telling decks. Roskilde (Ouroboros) 1990

Rumpf, Marianne: Zur Entwicklung der Spielkartenfarben in der Schweiz, in Deutschland und in Frankreich. Separatdruck aus dem Schweizerischen Archiv für Volkskunde, 72. Jahrgang, Heft 1–2, Basel 1976

[Hauptmann] Schroeder: Etwas vom Kartenlegen und von den Spielkarten. In: Liller Kriegszeitung Sommerauslese 1916. Der Auslese dritter Band, S. 113–118. Lille, August 1916

Literatur zur Symbolkunde

Bächtold-Stäubli, Hanns: Handwörterbuch des deutschen Aberglaubens. Berlin/New York (de Gruyter) 2000. [10 Bde.]

Bauer, Wolfgang/Dümotz, Irmtraud/Golowin, Sergius: Lexikon der Symbole. Mythen, Symbole und Zeichen in Kultur, Religion, Kunst und Alltag. München (Heyne) 14./1997

Becker, Udo: Lexikon der Symbole. Freiburg (Herder Taschenbuch) 1998/2./2000

Beuchert: Marianne: Symbolik der Pflanzen. Von Akelei bis Zypresse. Frankfurt/M. (Insel) 2./1996

Biedermann, Hans: Knaurs Lexikon der Symbole. München (Droemer Knaur) 1998

Forstner, Dorothea/Becker, Renate: Neues Lexikon christlicher Symbole. Innsbruck/Wien (Tyrolia) 1991

Glunk, Fritz: Das große Lexikon der Symbole. Bindlach (Gondrom) 1997.

Guter, Josef: Lexikon der Götter und Symbole der alten Chinesen. Wiesbaden (Marix) 2004

Hofmann, Helmut: Mit Symbolen intuitiv arbeiten. Inspiration, Meditation, Schutz und Heilung. München (Irisiana) 1999

Holzapfel, Otto: Lexikon der abendländischen Mythologie. Freiburg/Basel/Wien (Herder Spektrum) 2000

Lurker, Manfred: Lexikon der Götter und Symbole der alten Ägypter. Bern/München (Scherz) 1987

Mohr, Karl-Heinz: Lexikon der Symbole. Bilder und Zeichen der christlichen Kunst. München (Diederichs Vlg.) 10./1988

Sachs, Hannelore/Badstübner, Ernst/Neumann, Helga: Wörterbuch der christlichen Ikonografie. Regensburg (Schnell & Steiner) 8./2004

Seel, Otto: Der Physiologus. Tiere und ihre Symbolik. Düsseldorf (Patmos Paperback) 2003

Vollmar, Klausbernd: Handbuch der Traum-Symbole. Krummwisch (Königsfurt Vlg.) 2000

Vollmar, Klausbernd: Vollmars Welt der Symbole. Lexikon. Krummwisch (Königsfurt Vlg.) 2003

Zimmer, Heinrich: Indische Mythen und Symbole. Vishnu, Shiva und das Rad der Wiedergeburt. München (Diederich; Diederichs Gelbe Reihe 33) 5./1993

Sonstige Literatur

Brosse, Jaques: Magie der Pflanzen. Düsseldorf (Patmos Paperback) 2002

Bürger, Evelin/Fiebig, Johannes: Tarot für Einsteiger. Krummwisch (Königsfurt Vlg.) 14./2004

Hark, Helmut et al.: Von der Klugheit unserer Instinkte. Tierträume und ihre Bedeutung. Krummwisch (Königsfurt Vlg.) 2000

Herold, Ludwig: Orakeln. In: H. Bächthold-Stäubli: Handwörterbuch des deutschen Aberglaubens, Bd. VI, Berlin/New York 2000, Sp. 1255 ff. [Fotomechanischer Nachdruck der Ausgabe von 1935]

Iwersen, Julia: Lexikon der Esoterik. Düsseldorf/Zürich (Artemis Winkler) 2001

Kornbichler, Thomas: Die Kunst, sich in den Richtigen zu verlieben. Stuttgart (Kreuz Vlg.) 2004

Legros, Waltraud: Was die Wörter erzählen. Eine kleine etymologische Fundgrube. München (dtv) 6./2003

Rodik, Belinda: Das Tarot-Lexikon. Grundbegriffe und Schlüsselworte zu Symbolik und Deutung. München (Delphi bei Droemer) 1998

Schmidt, Günther: Der Schiffsanker. Hamburg (Hoffmann & Campe) 1983

Schwarz, Hildegard/Teupert, Norbert: Das Bilderbuch der Träume: neue Möglichkeiten des Verstehens. Genf (Ariston) 2./1993